사람을
사람답게
참교사가
걷는 길

사람을
　　사람답게
참교사가
　　걷는 길

2023년 5월 10일 처음 펴냄

글　김광철·김민곤·이주영
펴낸곳　(주)우리교육
펴낸이　신명철
편집　윤정현
영업　박철환
경영지원　이춘보
디자인　최희윤
등록　제 313-2001-52호
주소　03993 서울특별시 마포구 월드컵북로 6길 46
전화　02-3142-6770
팩스　02-3142-6772
홈페이지　www.urikyoyuk.modoo.at

ISBN 979-11-92665-19-1 03370

● 학교 밖 교육 이야기

열두 교사가
넘어온
열두 고개

사람을
사람답게
참교사가
걷는 길

김광철 · 김민곤 · 이주영 글

우리교육

　예로부터 교직은 하늘로부터 소명 받은 직업(천직)이라 했습니다. 오 랫동안 인류 사회에서 가르치는 일은 식, 의, 주 생존 수단을 대물림하 는 차원을 넘어 공존 상생하는 도리를 깨우치는 일이기도 했습니다. 자 연과 사회관계 속에서 생기는 위험과 고통을 벗어나 안전하고 평화로운 삶을 누리는 것은 동서고금 인류 문명이 꿈꾸어 온 것입니다. 그 길을 먼저 깨달은 사람들이 있었습니다. 선각자들은 무지와 몽매 속에서 갈 피를 모르고 괴로워하는 이웃들을 깨우치는 교사로 살았습니다. 지역 과 시대는 달라도 가르침이 지닌 벼리는 한결같았습니다. 내가 가진 것 을 이웃에게 베푸십시오. 서로 사랑하십시오. 이타행, 이것이 길(도)이 고 진리이고 생명입니다.

　이렇듯 제각기 용어는 달라도 참된 교육은 그 궁극 목표가 사람을 부처로, 성자로, 군자로 살아가게 이끄는 지극히 소중한 문화였습니다. 그리하여 수천 년 동안 사람들은 이런 가르침을 믿음으로 받아들여 야 만과 폭력에서 벗어나 널리 사람과 자연을 이롭게 하며 살아가는 푯대 로 삼았습니다.

　안타깝게도 우리가 살고 있는 근대학교는 이런 푯대에서 한참 벗어나 제 구실을 하지 못하고 있습니다. 근대학교를 낳은 자본주의 체제가 지닌 한계입니다. 자본주의는 인간 탐욕이 낳은 악마입니다. 그러니 자본주의 사회 학교에서는 학생 한 사람 한 사람을 소중한 목표로 여기지 않습니다. 학교는 학생들이 진리, 정의, 사랑을 익히고 공동체가 지향할 가치를 체득하게 돕는 배움터가 아니라, 체제와 국가가 요구하는 인간형을 찍어내는 폭압 기구에 지나지 않은 경우가 많습니다.

지난 세기 우리나라 사정이 특히 그러했습니다. 일제 식민지, 분단과 참혹한 전쟁, 세계 냉전과 외세가 굳혀버린 분단체제와 그에 기생하는 독재정치는 우리 교육을 참담한 지경으로 만들어 버렸습니다. 폭력이 일상인 체제, 진리나 정의, 공존과 상생, 민주주의에서 동떨어진 학교 교육은 '반 교육' 현장이라고 이름 붙여 마땅했습니다.

타락한 이 시대에 바른 교사로 살아가는 길은 무엇인가? 정치 폭압이 극에 달한 1980년대 일어난 민주화 운동 열풍이 젊은 교사들 가슴속을 뒤흔들었을 때, 이들은 스스로 묻고 스스로 답을 찾았습니다. 그래, '가르치는 것은 싸우는 것이다.' 교사가 싸우다니?! 지금 이해가 됩니까? 그 시절 교사로서 제 구실을 하지 못하는 부끄러움에 괴로워하던 교사들은 체제 순응을 거부하고 투쟁에 나설 것을 결의했습니다. 이들은 엄청난 국가 폭력과 인권 침해를 겪으면서도 차츰 뭉쳐 참교육 운동 새싹을 틔웠습니다. 그리고 정도에서 벗어난 교육 제도와 교육 내용을 상대하여 치열하게 싸웠습니다.

오랫동안 '싸운 교사'들이 한 명 두 명 퇴임하여 이제 '학교 밖 교사'로 살고 있습니다. 계간 『우리교육』은 지난 3년 동안 이들 중 열두 분을 찾아 '울퉁불퉁 흔들리며 자기 생의 숲에 길을 뚫어낸 위대한 당신'들이 살아온 삶과 퇴임 후 살고 있는 모습을 취재했습니다. 아흔이 넘은 연세에도 봉사활동을 놓지 않고 계신 선생님을 비롯하여 열두 분 모두가 지역과 마을에서 시대정신을 껴안고 현역으로 활동하고 있습니다. 취재하는 과정은 그 자체가 치유하는 과정이기도 했습니다. 취재진과 주인공 모두 평탄하지 않았던 교단생활과 가정생활에서 생긴 묵은 생채기를 서로 어루만지는 고마운 기회였습니다.

우리 교육은 새로운 도전을 받고 있습니다. 기후 위기와 갈수록 커지는 불평등, 출생률 절벽과 인공지능에 맞닥뜨린 시대에 교사들 참 삶은 어떤 모습일까요? 온고지신이란 말처럼 지나간 시절 경험담에서 새로운 도전에 맞설 지혜 한 토막 찾아낼 수 있을까요?

취재진을 대표하여

김민곤 씀

차례

김영효

글_김민곤

'지역 – 삶 – 산업 – 교육 상생의 길'을 찾아 확장하는
기다림의 철학

사람들이 퇴임 교사에게 '요즈음 뭐 하고 보내냐?'고 물으면 대개 '백수가 과로사한다'고 우스개로 응답하는데 실제로 김영효 선생이후 호칭 생략은 여전히 바쁜 나날을 보내고 있다. 현재 맡고 있는 직책이 장흥교육희망연대 대표, 마을학교 대표, 전남대안교육연구회 자문위원, 장흥군 교육참여위원회 위원장, 전남참교육동지회 수석부회장 등이다. 기공 수련의 고수에다 고효율 전통 구들 연구와 시공 전문가로 이름을 날려 그를 찾는 사람이 적지 않다.

　먼저 마을학교로 가보자. 10월 5일 검찰 개혁을 놓고 세상이 시끌벅적하던 날, 그는 아이들과 함께 밤 줍기 놀이에 나섰다. 사전에 밴드로 알린 지침에 따라 아이들은 저마다 장대, 집게를 들고 망태를 멨다. 학부모 몇 사람도 참여했다. 우리의 주인공도 아이들과 함께 밤송이를 까고 줍는다. 그리고 아이들이 활동 중에 느닷없이 하는 이런 저런 질문에 답을 해주기도 한다.

　마을학교가 있는 전남 장흥군은 서울에서 정남쪽 바다가 있는 따뜻한 남쪽나라다. 장흥에는 마을학교가 모두 다섯 개 운영되고 있다. 마을학교는 학교 건물과 운동장에 갇혀있지 않고 산과 들, 강과 바다, 그리고 마을길과 시장이 모두 아이들의 교육장이다. 장흥군의 인구 구조는 지역사회의 지속가능성을 위협할 정도로 기형적이다. 전체 38,334명 중 10세 미만이 2,014명, 70세 이상이 10,024명이다. 2020년 현재

"아그들 웃음소리 영원하여라~!"아그들 웃음소리가 안 들리면 그 마을은 끝인 기라. 그 마을이 끝이면 그 나라도 끝이란 얘기거든요. 애들 웃음소리가 들려야 해요."밴드 댓글이 말하듯이 갈수록 중요성이 커지는 마을학교의 성격을 김영효는 이렇게 요약했다.

— 학교라 하니 사람들은 '거기서 뭘 배워요?'라고 물어. 어른들은 학교라면 가르치는 교사와 배우는 학생으로 역할이 나뉘어있다는 고정관념이 있어. 교육 내용이 별로 눈에 띄지 않는다고 불평하는 사람도 있지만 아이들은 놀면서 배우는 것이지. 활동을 하다가 '이게 뭐지?' 사물에 대한 궁금증을 스스로 내오게 하는 것이 중요해. 꽉 짜인 지도안을 따라 수업을 하는 것이 아니라, 여백을 두고 아이들이 질문할 때를 기다려. 교사가 모르는 것을 질문하면? '나도 몰라. 어디 같이 찾아볼까?' 이렇게 응대하지.

— 6월에 '우리 밀 한 줌 베기' 주제로 활동하는 날, 내가 혼자 한쪽에서 밀을 구워 먹고 있으니 아이들이 우르르 몰려 와. "그거 먹어요?" "응, 맛있어. 먹어 봐." 했더니 젊은 엄마들까지 달려들어 먹어보더니 맛있다고, 처음이라면서 밀 이삭을 베서 경쟁하듯이 구워 먹고 난리가 아니었어. 입에 검댕이 묻는 줄도 모르고. 한참 먹고 난 뒤에

우리 조상들이 쓴 불에 대하여, 생식과 화식에 대하여 설명을 해주니 아이들 눈이 반짝일 수밖에 더 있겠어!

9월 22일 활동 주제는 '기후 위기 비상행동'이었다. 아이들은 다양한 소원을 펼침막에 적고 그림을 그린 다음 파도 놀이를 하여 어른들에게 감동을 주었다.

한 엄마가 밴드에 올린 감상문이다.

"우리 아이는 1주일에 2회는 채식을 하고 전기를 끄고 촛불을 켜고 살자고 제안했어요. 아이들 하나하나가 가정으로 돌아가 지구를 지키는 '슈퍼맨'이 될 것 같아요. 툰베리는 이제 더 이상 외롭지 않게 되었어요."

보통 마을학교라 하면 일반 학교의 방과 후 교육 지원 활동을 맡아 무엇을 가르치는 데 중점을 두고 있지만 이 학교는 그 날의 활동 주제만 아이들에게 제시할 뿐이다. 주제를 받은 아이들이 엉뚱하게 무엇을 하든지 어른들은 간섭하거나 제지하지 않는다. 김 대표의 말이다.

— 풀과 나무로 장식품을 만드는 날이었는데, 칡넝쿨을 베 주었더니 몇 명은 넝쿨로 줄을 꼬더니 신나게 줄넘기를 하고 노는 거야. 제지하면 신바람을 죽이고 창의성을 발휘할 싹을 자르게 돼. 가장 좋은 것은 아이들이 스스로 놀이를 만들어 신나게 놀게 하는 거여. 줄넘기 놀이를 실컷 한 뒤에 돌도끼를 만드는 아이를 보았어. "돌도끼 만들어 뭘 하려고?" "무인도에 가고 싶어요." "그래? 그거 재미있겠다. 같이 해볼까나?"

이렇게 접근하면 대화가 자연스럽게 이루어져. 그러면서 돌도끼를 묶는 매듭 법까지 가르쳐주니 금상첨화지.

기후 위기 비상행동

책상 공부 10시간보다 바깥 체험이 훨씬 의미가 크다고 믿는 김 대표의 말이다.

— 아이들이 직접 손발을 움직이고 머리를 쓰는 활동 속에서 획득하는 배움의 크기를 어떻게 계량할 수 있겠어? 앞으로 아이들이 살아갈 세상에는 엄청난 양의 정보도 손톱보다 작은 단자 하나에 다 집적될 테니 정보를 많이 가르치는 것은 중요한 교육이 아니지. 이치를 터득하게 하고 응용력을 키워주는 것이 미래 교육에서 가장 중요한 것이라 생각해.

아이들은 과제 수행에 필요한 물건을 직접 장에서 사기도 하고 자기 손으로 만든 물건을 동네 '마실장'에 가져가서 팔아보는 경험도 한다. 내 노동과 작업이 어떤 가치로 평가되는가를 놀이를 통해 체험해보는 일이다.

김영효가 중요시하는 것은 아이들이 '배움의 기쁨'을 스스로 찾아 느끼게 하는 것이다. 놀이 속에서 아이들은 신바람을 낸다. 특히 지역에 많은 다문화 가정 아이들이 어울림 속에서 밝게 변하는 모습을 볼 수 있어서 좋다고 자평한다.

마을학교를 뒷받침하는 제도적 장치로서 시·군별 교육참여위원회가 2019년부터 가동되고 있다. 군 의회, 지자체, 교육지원청에서

김밥 만들기

내는 당연직에 학부모와 전교조, 교총, 공무직노조, 농민회, 교육시민단체, 교원 등 30여 명으로 구성된다. 김영효가 지금 위원장을 맡고 있다. 김영효는 일찍이 어려운 학생들을 위한 대안학교에 관심을 가졌다.

> — 젊은 시절 '문제 학생'들만 모은 학급을 맡아본 적도 있어. 지금 생각하면 그리 좋은 교육 방법이 아니었지만 내가 어려운 학생들에게 관심을 가지게 된 것은 내 자신이 고교 시절 문제 학생이었던 경험 때문이 아닌가 싶기도 해.

종가라 제사가 자주 돌아왔는데 아버지가 형들은 젖혀두고 유독 자기를 불러 앉혀 '먹을 갈아라!' 하면서 어릴 때부터 붓을 잡게 했단다. 붓 잡은 경험은 초등학교 미술반 활동에 두각을 나타내게 만들었는데, '환쟁이는 빌어먹는다!'고 할머니가 손사래를 치고 화구를 감추는 바람에 예술의 길을 접었다.

열한 살에 나락 가마를 들어 멜 정도로 힘이 좋아 '김 장사' 소리를 들었다. 걸출한 체격과 남 다른 체력 때문에 중학교 시절 핸드볼 선수로 차출되었다. 그런데 갑자기 집안이 파산하여 인문계 진학을 포기하고 공고로 갔다. 고2 때 운동을 포기하고 살림을 도울 생각으로 생활전선에 뛰어들려 했으나 학교에서 용납하지 않았다. 우여곡절 끝에 아무도 못 건드리는 문제아로 낙인 찍혀 학교를 그만두게 되었다. 방황 끝에 어렵사리 체육 장학생으로 대학에 진학한 그는 핸드볼 주 공격수로 뛰었다. 그러나 불행하게도 운동 중 심한 부상을 당해 선수 생활을 접고 1978년 체육교사가 되었다.

> — 공립 대안학교에 대한 관심은 전교조 출범 훨씬 전부터 가졌어.

몇 사람과 모임을 만들어 사립 대안학교 탐방도 하고 연구 작업을 했지. 집안이 어려운 학생들을 재우고 먹이고 가르치려면 월 만 원 내는 후원회원이 천 명 정도가 필요한데…… 우리 힘으로는 조직이 불가하다고 판단하고 접었지. 그러다가 진보교육감 후보 공약에 넣게 만들었지. 당선 후 교육청에서 날더러 청람중학교 개교 준비 요청을 해왔어. 조건을 달았지. 내가 짠 교사진을 임용할 것. 학교 교육과정 편성을 일임해줄 것. 내락을 해주었어.

개교하고 부임할 참인데 막상 자신이 초빙교원 연령 제한에 걸렸다는 통보를 받는다. 기가 막힐 일이었다. 기한이 하루 남은 상황이었다. 김영효는 즉각 교육부령의 위헌성을 들어 헌법소원서를 작성하여 교육부 담당자에게 전화했다. '남들 다 기피하는 학교에 가서 열심히 해보겠다는 교사를 격려는 못할망정 나이 먹었다는 죄로 길을 막아서야 되겠냐!'고 대차게 몰아붙였다. 결국 한밤중에 교육부령을 바꿔내 이튿날 부임하게 된다. 한 후배가 이 소식 듣고 그랬다. '형님은 역시 싸움꾼이오.'

그의 투쟁 경력은 유명하다. 초임 시절 손버릇 나쁜 교장을 도저히 보고 넘길 수가 없어서 교장실에 들어가 의자째로 번쩍 들어 창밖으로 내치려 했다. 그 교장이 근평 '양'을 주는 바람에 전보 대상이 된 그는 도교육청 20일 간 농성으로 해결했다. 전교조 결성 이후 교사들이 탄압받는 학교에 대한 진정이 지부로 들어오면 찾아가서 풀어낸 경우가 부지기수다.

전교조 건설 투쟁 과정에서 무안 청계중 동료 세 명과 함께 해직의 길을 택한 김영효는 전교조 합법화에 10년은 걸릴 것으로 보고 굳게 맘먹고 활동을 개시했다. 아내는 길을 내주었지만 부친은 문 앞에 드러

누워 막았다. 당시 그가 책임져야 할 식구가 여덟 명이나 됐다.

해직되어 지회를 맡은 그는 독한 결심을 한다. 1년 안에 조직 복원 80%를 이루어낸다. 아내와 아이들을 처가에 맡기고 지회 사무실에서 스티로폼을 깔고 자면서 밤낮으로 각서 쓴 조합원들을 만나 1년이 되기 전에 목표를 달성했다. 이듬해 지부 조직부장을 맡아 사무실 근무를 하지 않겠다고 선언했다. 전국 최초로 구입한 8094번 승합차에 침구와 솥단지를 싣고 다녔다. 지회를 방문하면 술 한 방울 마시지 않고 뒤풀이 끝까지 남아 사무실에서 자고 학교 방문을 이어갔다. 한번은 단 한 명을 만나기 위해 새벽 3시에 광주에서 진도까지 간 적도 있다.

애마 8094번은 해직조합원 복지 사업에도 동원됐다. 그가 장석웅_전전남교육감과 함께 개척한 영업이 바로 영광굴비 전국 판매 사업이었다. 승합차에 굴비 짝을 싣고 전국 여러 노동조합과 전교조 지부를 방문하여 직접 판매함과 동시에 각 지부의 굴비 사업을 지원하였다. 전교조의 굴비 사업은 영광 굴비 시장의 구조와 관행을 바꿀 정도로 큰 사업이 되었다.

좌담 중

1991년 김영효는 전교조 전남지부장을 맡았다. 일이 밤늦게 끝나면 그는 여덟 식구를 먹여 살리기 위해 야간 부업을 했다. 광고회사, 아파트 구조 개선 등 돈이 되는 일이라면 다 찾아 했다. 하루 3시간 이상 자본 적이 드물었다. 1999년 전교조 합법화가 되자 수석부지부장을 맡아 조직을 추스르는 데에 힘을 쏟았는데, 조직 활동에 집중하겠다고 아내에게 약속한 지 어느덧 10년 세월이 흐른 셈이었다.

20대에 암벽 등반 전문가였고 100m를 12초에 뛰고 기운이 장사였던 김영효도 핸드볼 선수 시절 입은 중상으로 절망에 빠진 적이 있다. 치료를 위해 암자에 머물며 요양하던 차에 우연히 어떤 스님을 만나 처음으로 단전호흡을 배워 수련을 시작했다. 15년 공을 들여 수련한 끝에 척추 통증에서 벗어났다. 그 과정에서 직접 바른 걸음걸이, 절 명상 등을 개발했다. 40년 넘게 이어온 기공은 그의 일상생활이 됐다.

김영효는 곡절 많았던 교단생활 38년 중 마지막 3년을 어쩌면 가장 신명나게 보냈는지도 모른다. 그가 평생 꿈꾸어온 공립 대안학교가 자신의 구상대로 설립되었으니 어찌 신바람이 나지 않았겠는가. 청람중학교 2013년 전남 강진군에 개교에서 그는 참교육의 열정을 활짝 꽃피웠다.

기숙형 대안교육 특성화학교인 이 학교에는 일반 학생 2학급과 학교 적응에 어려움을 겪는 위탁생들로 구성된 '가변 학급'이 하나 있었다. 그는 3년 내내 가변 학급 담임을 맡았다. 학생 위탁이 수시로 있기 때문에 학급 운영에 안정을 기하기가 매우 어려웠다. 위탁생은 대개 마음의 상처가 깊은 청소년이라 일반 학교에서 교사들이 감당할 재주가 없는 학생들이다.

— 위탁생을 데리고 오는 보호자는 대개 상담실 문을 발로 차고 들

어와. '우리 애가 무슨 잘못이 있다고 이런 학교로 끌고 오는 거야?' 극도로 성이 난 학부모한테 내가 뭐라 하겠어? 기다리고 있으면 제풀에 화가 식어 고개를 숙이지. 바로 그 순간이 내 시간이 되는 거지. 데리고 온 교사나 보호자를 짐짓 엄청 혼을 내버려. '이 아이가 이렇게 될 동안 당신들은 뭘 했소? 이 아이에게 따뜻한 말 한번 건네본 적이 있소? 부모나 교사가 아이를 미워하고 내쳐버리면 그 아이가 어디로 가겠소!' 준열하게 꾸짖으면 고개 푹 숙이고 옆에 앉아있는 아이 표정이 바뀌는 걸 느끼지. '아, 이 사람이 내 편을 드네!' 혼이 난 어른들이 공손히 인사하고 물러간 다음 내가 할 일은 없어. 꼭 껴안아주는 것밖에.

사랑받지 못하고 마음에 상처만 깊은 '들짐승' 같은 아이들은 처음에 교사건 누구건 욕을 예사로 하고 심지어 침을 뱉기도 했다. 전혀 길들지 않을 것 같은 아이들을 어떻게 대할 것인가? 교사들은 막상 뚜렷한 대책이 없었다. 아무 학습 동기도 없고, 몇 마디 말이나 훈화로 교화할 수 없는 학생들을 어떻게 할 것인가? 의사결정 구조부터 바꿔보기로 했다. 매달 학교 모든 구성원이 다 모여 의제를 토론하여 의결하는 '청람 가족회의다 모임'를 연다. 교직원, 학부모, 학생 모두 '1인 1표주의'를 채택했다. 교칙이나 벌칙을 교장이나 교사들이 만들어 내리먹이는 것이 아니라 '다 모임'에서 결정한다. 누구의 의견이 결정에 영향을 미치겠는가? 자명하다. 쪽수가 많은 학생들의 의견이 관철되는 경우가 많다.

　— 생활규정에 관한 한 어른들은 학생들의 의견이 급진적일 거라고 우려했어. 그런데 결과는 그게 아니야. 예를 들어, 얼굴 화장 허용은 87대 84로 부결됐고, 교내 휴대폰 소지도 5년째 금지하고 있어. 월요

청람중학교

일 등교 시 보관했다가 금요일 하교 시 돌려주는 거지. 놀라운 일이지. 아이들 게임 욕구는 학교 컴퓨터에 프로그램을 깔아 풀어주고 정보검색 욕구는 태블릿 PC를 비치하여 해소하게 해. 외부 전화는? 학교 안에 있는 공중전화를 이용하게 하지.

— 한번은 1학년 남학생 일단이 여학생들 '품평회'를 한 것이 문제가 되어 '다 모임'의 의제가 되었어. 여러 차례 토론한 결과, 남학생들이 여학생들에게 공개 사과했고 학교 차원에서 인권감수성 교육을 실시하게 되었어.

의사결정 구조가 민주적으로 운영된다고 해서 규칙을 어기고 일탈하는 학생이 사라지는 것이 아니다. 김영효의 고민은 이런 학생들을 어떻게 치유하고 교화할 것인가에 집중되었다. 전통적인 체벌로 다스려야 하는가? 체벌이라면 어떤 방식이 효과를 낼 수 있을 것인가? 교사들 사이에 심각한 논의가 있었다. 뾰족한 수가 나오지 않을 때 김영효가 제안한 것이 두 가지였다. 하나가 야간 산행이고 또 하나가 절 명상이었다. 이 방안은 지도교사의 절대적인 헌신이 필요하여 실천하기가 아주 어려운 과정이다. 꾸지람이나 '운동장 100바퀴 돌기' 같은 육체적 고통을 주는 관행적인 체벌은 가하는 교사와 당하는 학생이 분리되는, 일종의 군대식 고문이라서 바람직한 교육 활동으로 간주할 수 없다. 이와 달리 김영효가 제시한 '체벌'은 사제동행을 전제로 하는 것이었다. 교칙 위반 학생과 지도교사가 같은 시간 동안 같이 행동을 해야 했다. 교육 운동의 연장선상에서 이 학교를 선택한 교사들은 이런 어려움을 잘 감당해주었다.

— 야간산행은 학생 세 명 당 지도교사 한 명 짝을 지어 실시해. 주위가 잘 보이지 않는 상태에서 발밑을 조심하며 걷다 보면 그 자체가 내면을 들여다보는 일종의 명상이 되지. 같이 걷다보면 아이가 교사에게 말을 걸어와. 자연스럽게 대화로 이어지게 돼. 아이의 속내 이야기가 하나둘 나오면 교사는 참을성 있게 들어줘야 해. 그 과정에서 상처 깊은 아이의 속이 풀리고 치유의 힘이 차츰 생긴다는 믿음이 있어. 산행을 마치고 나면 아이들 스스로 뿌듯해하고 자신감이 생겨 생활 태도가 달라지는 거지.

맞절과 절 명상은 세 명 1조로 30분 동안 수행하는데, 아이들은 한 차례로 끝이지만 담임은 열 번이고 스무 번이고 끝까지 사제동행을 한다. 열 개 조가 30분씩 차례로 하는데 아이들은 엄청 힘들어 주리를 트는데 선생님은 몇 시간을 자세 조금도 흩뜨리지 않으니 아이들이 놀라 자빠졌다. 아이들이 '선생님, 잘못했어요. 죄송해요.' 하면서 몰려와 선생님 다리를 주무르기도 했다. 그렇게 아이들이 긍정적으로 변해갔다.

절 명상

— 한번은 손버릇이 너무 안 좋은 아이에게 벌칙으로 절 명상을 부여했어. 덩치가 나만한 놈인데 정한 시간에 맞절 방에 나타나지 않는 거야. 나 혼자 30분을 명상하며 기다렸지. 하루 이틀 계속 안 와. 그런데 창문 밖에서 지켜보는 낌새가 있어. 교내에서 우연히 만나면 '너 왜 안 왔어?' 질책하거나 혼내는 말을 하지 않고 '너 무슨 일이 있냐? 어디 아프냐? 안 와서 걱정했어.' 이러고 지나가. 며칠 후에도 혼자 명상을 하는데 이 녀석이 들어오는 거야. 절 명상을 끝마치고 조용히 타일렀지. '너는 덩치도 크고 친구들보다 힘이 세잖아. 절대 너보다 작고 약한 아이들 건드리지 마라.' 그 뒤 학교에서는 말썽 없이 지내고 졸업했어.

아이들을 변화시킨 교육과정의 예를 더 들어보자.

— 기숙학교라 전체 교원 25명 중 20명 정도가 2교대로 학교에서 공동생활을 했어. 첫해에는 입학식을 겸해서 2박 3일간 땅 끝에서 학교까지 83킬로미터를 아이들이 밥을 지어 먹으면서 걸었지. 무인도

체험도 실행했는데, 침낭과 천막, 그리고 최소한의 먹을 것을 주고 나머지는 현장에서 무엇이든 채취하여 취식하게 하니 배가 고파 죽어. 2박 3일 그렇게 살다가 학교로 돌아오면 급식실의 고마움을 안 느낄 수가 없지. 심장이 안 좋은 학생도 지리산 등반에 데리고 갔어. 선생님들 다 걱정했지. 내가 끝까지 챙겨 완주했어. 그 학생 자신감이 얼마나 컸겠어. 일반 학생들은 화재 대피 훈련 명목으로 학교 건물에서 레펠 타기를 하고, 위탁반 학생들은 바닷가 절벽에 데리고 가서 밧줄 타고 하강을 했지. 눈 아래 파도가 철썩대니 공포감이 더 컸지만 아무 탈이 없어. 산악 훈련, 무인도 체험, 레펠 타기 등등 특전사 병사들 생존 훈련과 흡사했으니 아동 학대라고 신고하겠다고 우스개 하는 교사도 있었어.

처음 이 학교를 시작하면서 김영효는 교육청에 미리 협조 요청을 했다. '일반 학교와 전혀 다른 학생들이니 장학사가 와서 이래라 저래라 하지 마라. 이 아이들은 상담 정도로 치유와 복원이 안 된다. 심리 치료 이상의 처방이 필요한 아이들이다.' 그렇게 그는 3년 동안 가변 학급을 맡아 거의 24시간 학생들을 보살피며 보냈다. 심지어 주말에 갈 곳 없는 소년 소녀 가장들의 아버지 역할까지 할 때도 많았다.

김민곤 선생(왼쪽)과 선명완 교장

함께 학교 개설 요원으로 들어와 지금 2대 교장을 맡고 있는 선명완 교장에게 김영효 선생의 교육 철학을 물었다.

토막집 앞에서 이주영 선생(왼쪽)과 김영효 선생(오른쪽)

　— 한 마디로 '기다림'이지요. 심신이 망가질 대로 망가진 아이들은 그 기간만큼 긴 치유와 회복 시간이 필요합니다. 특히 가변 학급 학생들이 그러하겠지요. 효율성을 중시하거나 경쟁 일변도 교육과는 전혀 달라야 한다는 생각을 갖고 있습니다. 김 선생님의 방침에 동의하는 우리 교직원은 위탁생을 문제 학생으로 평가하지 않습니다. 우리는 언제나 이 학생들을 환대합니다. 항상 밝은 얼굴로 인사하고 존댓말을 씁니다. 학생들의 용모나 언행에 절대로 시비를 걸지 않습니다. 김 선생님은 어른들의 보살핌과 섬김 속에서 학생 스스로 심신의 상처를 치유해내는 힘이 생기고 자라난다는 믿음을 갖고 있습니다.

　이런 신념으로 학생들을 돌보는 김영효에게 '성선설을 믿으세요?'라고 묻는 교사도 있었다. 인간의 본성을 어찌 선과 악으로 나누겠는가. 아이들의 경우는 어른들이 어떤 마음으로 어떻게 보살피느냐에 따라 바르게 자라기도 하고 삐뚤어지기도 하는 것임을 김영효는 실천 속에서 확인했다.

현재 청람중에는 가변 학급이 없다. 광양에 개설한 공립 WE SCHOOL로 이관되었다. 그 학교 개설 요원 두 명이 청람중에 파견되어 1년 동안 김영효 선생 옆 자리에서 많은 것을 배우고 갔다.

가변 학급 3년 과정을 무사히 마친 학생들의 상급학교 진학률은 대안고교나 일반고 40%, 특성화고 60% 정도로 나타났다. 학교에서는 이 학생들을 꾸준히 관찰한다. 김영효는 이들 중에 아무 데도 의지할 곳이 없는 학생을 일정 기간 계속 돕고 있다.

— 어려운 학생들을 계속 도와준다고 날더러 대단하다고들 하는데, 이건 내가 좋아서 하는 것이고 내가 행복감을 느끼니까 하는 일이라니까. 그리고 나는 일하지 않고 무료하게 사는 것을 견디지 못해. 항상 뭔가 일을 해야 몸과 마음이 편한 사람이여. 비 오는 날 일을 못 나가면 집구석에서 연구 작업을 하는 거고. 술 안 마신 지 오래됐지. 고기 안 먹고 채식 위주로 소식을 하지. 어디 놀러 돌아다니지 않지. 다른 사람 반 토막밖에 안 되는 연금은 집사람 생활비로 주고 내 용돈은 내가 벌어 쓰네. 이런 생활이니 어려운 아이 한 둘은 도와줄 수 있어.

김영효는 삼비산 자락에 폐자재와 주변의 흙, 돌, 나무를 이용해서 작은 토막을 지어 살고 있다. 맑은 계곡물을 받아쓰고 화목은 뒷산에 지천으로 널려있어 좋단다. 집 앞에 작은 텃밭을 일구어 일용할 채소를 기른다. 전기 대신 태양광 축전지로 방을 밝힌다. 앞에 작은 호수까지 있으니 H.D 소로우의 《월든》이나 스콧 니어링을 떠올리게 한다.

그렇다고 은둔자가 될 생각은 없다. 지역사회의 주요 일꾼으로 활동할 뿐 아니라 퇴임 후에도 전교조 집회에 거의 빠지지 않는다. 그를 잘 아는 후배들이 가만히 놓아두지 않는다. 중학교 초청을 받아 학생들과

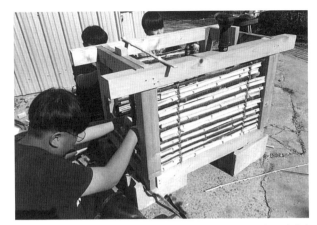
전통 집짓기

우리 전통 집짓기 실습도 하고, 마을학교 성장 방향 토론회도 조직한다.
내년에는 전남 참교육동지회를 개편하여 책임을 맡을 작정이다.

  토막에서 밤중에 필자랑 둘이 삶은 밤을 까 먹는데 지나가는 말처럼
이런 이야기를 한다. 듣고 있는 내 얼굴이 달아올랐다.

    — 내가 혈기방장 하던 시절에 몸에 탈이 안 났으면 다른 교사들처
    럼 잘해야 교장이나 교육 관료 자리 하나 차지하여 거들먹거리다가
    퇴임 후에는 '내가 옛날에 말이야……' 하면서 잘나가던 시절 이야기
    나 뇌까리면서 연금 까먹고 살고 있겠지.

  요즈음 김영효는 시간이 나면 요가 동작 연구와 약초 공부를 한다.
뒷산 나무들이 대부분 사람에게 약이 된다고 흡족해한다. 상한 몸을
치유하기 위해서 시작하고 직접 발전시킨 절 명상, 운동 명상과 노동
명상은 그의 중요한 일상이다. 70세가 멀지 않은 나이에 극한직업으로
소개되는 토수 일을 하면서도 그의 몸은 소식과 적은 수면으로도 거뜬

하다. 그는 지금도 수련을 통해 심신이 도달할 자유자재의 경지가 어디까지일까 모색하는 중이다.

38년 교직생활을 끝내고도 그의 삶의 영역은 '지역-삶-산업-교육 상생의 길'을 찾아나가는 활동으로 더욱 확대되고 있다. 이런 벗과 한 하늘을 이고 사는 내 삶이 뿌듯하다. 건승을 빈다.

박중록

글_김광철

실천을 중시한 습지와 새들의 친구,
교사에서 습지보전활동가로

12월 12일 이주영 기획위원과 함께 박중록 선생을 취재하기 위해 부산역 인근에 있는 '습지와새들의친구'^{이후 습새} 사무실을 찾았다. 박중록 선생은 2019년 8월 말에 정년을 3년 남기고 명예퇴직하였다.

　　사무실에서 박 선생과 잠시 이야기를 나누다 보니 이미 박중록 선생에 대한 이야기가 《물길과 하늘길에는 주인이 없다》라는 책으로 나온 적이 있었다. 나는 무척 반가웠다. 취재원에 대한 자세한 정보가 모두 거기에 수록되어있을 것이란 생각을 하니 말이다. '환경과생명을지키는교사모임'^{이후 환생교} 회원인 나는 박중록 선생을 전국 환생교 연수나 모임 등에서 여러 차례 만났지만 그에 관하여 아는 것이 그리 많지 않았다. 부산 환생교의 김옥이 선생이 부산의 모 언론에 썼던 글을 받은 것이 전부였다. 더구나 책의 저자가 잘 아는 부산 환생교의 홍정욱 선생이기 때문에 더욱 친근했다. 순간 '이번 취재 다 끝났다'고 속으로 환호성을 질렀다. '그 책 속에 박중록이 다 있을 테니' 말이다.

부산역 인근에 있는 '습지와새들의친구'(습새) 사무실에서 박중록 선생을 만나 낙동강하구 보전과 습새 활동에 대하여 이러저러한 안내를 받았다.

아미산에 울려 퍼진 낙동강하구에 대한 개발 광풍을 개탄하며

박 선생은 우리와 이야기를 좀 나누다가 점심부터 하자며 우리를 태우고 아미산 밑에 있는 '할매집'으로 데리고 갔다. 이곳은 낙동강하구를 찾는 사람들이 자주 가는 오래된 곳이다. 식사를 마치고 아미산 정상을 오르면서 박 선생은 말한다.

"이곳 아미산은 태백산에서 부산으로 뻗어 내려온 백두대간이 마무리되는 산입니다. 그런데 명지대교를 건설하던 시기에 부산시는 이곳 아미산 정상을 다 허물고 이렇게 볼썽사납게 아파트 단지를 조성해버린 겁니다."

2004년 환생교 습지 연수는 철원에서 시작하여 서해안, 남해안을 다 돌고 이곳에서 마무리했다. 그 연수에 나도 참여했는데, 당시 이 산 위로 솔개 몇 마리가 여유 있게 비행하는 것을 보면서 박중록 선생이 한 말이 기억난다.

"우리가 어렸을 때는 솔개가 참 흔
했잖아요. 병아리를 낚아채 가려고
마을 위를 어슬렁거리며 날던 그 솔
개들 말입니다. 1970~80년대 전국
적인 쥐잡기 등의 여파로 다른 곳에
서는 모두 사라졌죠. 하지만 낙동강
하구에서는 물고기를 먹이로 취하기
에 살아남았고, 뒷집 강아지 만나듯

아미산 전망대에서 김광철 선생과 이주영 선생

늘 솔개를 만날 수 있죠."

"한국을 대표하는 자연경관을 볼 수 있는 소중한 전망대입니다. 을
숙도를 관통하는 명지대교(지금의 을숙도대교) 싸움이 결국 대법원까지
가서 패소했으나 이곳을 사설 체육시설 부지에서 전망대로 바꾼 것은
그나마 작은 성과입니다."

이주영 선생은 자신이 몇 해 전, 임진왜란 전적지 탐방 왔을 때 이곳
몰운대를 찾았던 이야기를 하면서 아미산으로 올랐다. 몰운대는 임진
왜란 때 윤흥신 장군 형제가 왜군들과 싸우다 장렬한 최후를 마친 현
장이다.

"이런 역사와 낙동강하구의 생태를 접목한다면 많은 이야기가 있는
생태와 역사의 교육장, 관광지가 되지 않겠어요? 우리나라는 생각이 짧
고 근시안적인 관료들이 문제야." 하는 이야기를 하면서 낙동강하구가
잘 내려다보이는 아미산 전망대에 이르렀다.

박 선생이 야외망원경을 설치하고 낙동강하구에 와 있는 큰고니 떼
를 찾았다. 15년 전에 왔을 때는 수천 마리의 고니 떼를 볼 수 있었는
데, 이번에는 100마리도 채 되지 않았다. 갈대라든가 줄, 부들, 매자기

1. 낙동강하구 연안은 누더기같이 매립되어 도로가 놓이고 공장이 들어서 있거나 아파트 단지가 들어서 있는 곳이 많다.
2. 부산시는 백두대간이 바다로 들어가기 직전 마무리되는 아미산 정상까지 아파트 택지로 개발하여 스카이라인이고 뭐고 없이 흉물스럽게 지어놓아 철새들의 보금자리를 허물었다.
3. 낙동강하구는 하굿둑부터 을숙대교 등 강을 따라 올라가면서 한강보다 많은 다리를 놓아 새들의 안식처인 습지를 파괴하고 있다.
4. 1970년대에 부산시가 을숙도 부산 분뇨처리장을 지어 철새들의 보금자리를 파괴한 흔적들이다.
5. 한때는 고니가 1500마리씩 몰려왔지만, 이제는 수생식물이 개발에 짓밟히는 바람에 먹이가 없고, 다리, 고층 건물, 차량 등 온갖 위험 시설 때문에 몇 마리 오지 않는다.

등 많은 수생식물이 있어야 큰고니 등의 철새들은 그 뿌리를 캐 먹고 살 수 있다. 그런데 그렇게 무성하던 물풀이 개발 광풍에 다 사라진 것이다. 아미산을 둘러보고 을숙도를 찾아갔더니 이제는 큰고니 등 철새들을 위해 을숙도 앞 갯벌에다 먹이를 뿌려주고 있다는 것이다. 이미 낙동강하구는 동물원이 되었음을 선포한 생태 야만의 현장이다. 박 선생의 말에 의하면 이곳 을숙도는 부산시에서 1970년대에는 분뇨 처리장으로 이용했고, 쓰레기 매립을 했던 곳이란다. 그나마 남아있는 습지들을 지켜줘야 철새들이 살아갈 수 있는데, 무자비한 개발의 발톱은 이곳을 그냥 두지 않았다. 낙동강 하굿둑도 모자라 을숙도대교까지 건설해서 많은 차량이 오가니 먹이도 없고, 주변에는 높은 아파트 단지가 들어서니 사람과 차가 무서워서 철새들이 올 수가 있겠는가?

낙동강하구에는 예나 지금이나 물이 빠지면 드러나는 섬도 아닌 것이 섬처럼 드러나는 모래톱 '등'이 많다. 대마등, 맹금머리등, 장자도, 신자도, 백합등, 도요등, 진우도로 불리는 크고 작은 연안 사주들이 장관을 이루고 있다. 낙동강하구의 삼각주는 민물과 바닷물이 만나 섞이는 기수brackish water 지역으로 생물다양성이 매우 풍부해 해마다 철새들의 번식지, 월동지, 중간 기착지 역할을 하는 안식처다.

부산광역시 사하구에 위치한 낙동강하구는 천연기념물 제179호로 지정된 문화재보호 구역이다. 1966년에는 문화재보호구역, 1982년에 특별관리해역, 1987년에 자연환경보전지역, 1999년에는 습지보호구역으로 지정한 생태적, 문화적 가치가 그 어느 곳보다 높다. 그런데도 부산시 등 지자체와 건설업자들은 이곳을 매립하여 공단을 조성하거나 다리를 놓고, 아파트를 짓는 등 개발행위를 통해 생명이 살 수 없는 땅으로 몰아갔다. 보호 법령들이 있으면 무엇 하겠는가? 국책사업이니 공익사업이니 하면서 다 파헤치니 전국 어디인들 성한 곳이 있겠나? 시화호, 새만금, 천성산, 4대강, 온갖 도로, 골프장, 신도시가 그렇고, 요즘도 설악산 오색케이블카, 제주 제2공항 등 전국이 몸살을 앓지 않은 곳이 있는가? 언제쯤 이런 관행이 바로 잡혀 인간과 자연이 상생하는 세상을 이룰 수 있을는지?

평범했던 학생이 어머니를 잃고 난 다음 공부에 매진하며 나선 교사의 길

박중록은 집안의 일남사녀 중 둘째로 태어난 외아들이다. 박중록의 집은 '공부, 공부'하는 집은 아니었다. 박중록은 어린 시절 낙동강하구가 있는 사하구의 괴정동과 광안리 바닷가에서 자랐다. 그곳에 살면서 갯벌을 놀이터로, 물고기와 새를 친구 삼아 살았다. 틈만 나면 아버지는 어린 아들을 데리고 나가 물고기를 잡으며 강을 벗 삼아 놀게 했다. 바다와 산으로 다니면서 새를 데려다 키우기도 하고, 찔레 순을 따 먹기도 하고, 바닷가에서 온갖 모래 놀이 등을 하면서 자랐다. 그의 어머니는 아들이 친구들을 자주 집으로 데리고 와 놀고, 공부를 안 해도 탓하지도 않고 친구들을 잘 대해주었다. 이렇게 자연 속에서 놀면서 컸던 것이 장차 낙동강하구 지킴이로 우뚝 설 수 있는 자양분이 되지 않았을까?

박중록은 중·고등학교 때도 공부에 큰 취미가 없었다. 그러다 동아대 물리학과에 들어갔으나 재미가 없어 학교를 그만두고 재수하여 부산대학교 자연과학대학을 들어갔다. 부산대에 들어가서도 별로 공부에 재미를 못 붙이던 중 군대에 갔다. 그러다가 제대 3개월을 남겨두고 어머니가 교통사고로 돌아가시면서 박중록은 인생의 중요한 전환기를 맞는다. '내가 어머니를 위해 해드린 것이 무언가? 좋은 아들로서

2010년 2월 아들 입대 기념 여행. 평생 모시고 살았던 아버지와의 마지막 여행(왼쪽)과 환경청 농성장을 방문한 집사람과 함께. 환갑을 맞아 생일 밥을 들고 응원 차 방문하였다(오른쪽).

진지함을 보여드린 것이 무엇인가?'라는 자책감이 그를 공부로 이끌었다. 독하게 마음먹고 공부에 빠져들면서, 자격증이나 받아두어야겠다고 생각하고 교직과목을 이수했다. 그 과정에서 부산의 데레사여고로 교생실습을 나가서 아이들과 함께 노는 재미에 폭 빠지게 된다. 진로에 대하여 흔들리던 마음도 교생실습을 하며 교사의 길로 굳혔다. 그는 1988년 부산에 있는 사립학교인 대명여고 교사로 교직의 첫발을 내디뎠다.

　박중록은 대학을 다니면서 같은 과에 다니는 전미혜 후배와 사귀다가 어머니가 일찍 돌아가시는 바람에 서둘러 결혼했다. 사모님은 홀시아버지를 모시고 살면서 병환으로 몇 년씩 병상에 누워계시는 시아버지의 간병도 하고, 시어머니가 없는 장남의 며느리로서 셋이나 되는 시누이들을 출가시키고 자매를 키우느라 얼마나 고생이 많았을까? 남편은 전교조한다고 돌아다니지 나중에는 낙동강 지킴이를 한다고 허구한 날 야외망원경에 카메라를 메고 밤낮없이 산천을 누비고 다니니 그 가정을 누가 건사해야 했겠는가? 심지어 박중록이 회갑을 맞는 날도 환경청 앞에서 대저대교 거짓 환경영양평가 부동의 촉구 농성 중이라 사모님이 도시락을 싸서 식사를 챙겼다니, 더 말해 무엇 하겠는가? 박중록은 부인을 참 잘 만났다고밖에.

전교조와 맺은 인연이 그를 '환생교'와 '습지와새들의친구'로 이끌어

1988년은 87년 6월 항쟁 직후라 우리 사회 구석구석에서 민주화 바람이 거세던 시기다. 같은 시기에 대명여고에 부임한 교사 중에는 후에 전교조 부산지부장, 부산시 교육위원 등을 역임했던 국어과의 박영관 선생이 있었다. 그를 중심으로 '대명여고30대교사모임'을 만든다. 이 모임이 나중에는 대명여고 평교사회가 되고, 전교조 분회로 전환된다. 대명여고 분회원이 48명이었다고 하니 어떤 분회였는지 짐작이 간다. 이런 분위기 속에서 박중록은 동료 교사들과 함께 전교조의 상담, 통일, 풍물 등 각종 연수에 참여하면서 참교육에 대한 눈을 틔우고 있었다. 마침 이상석 선생이 쓴 책《사랑으로 매긴 성적표》를 읽고 크게 감동하여 '좋은 선생님이 되겠다'고 마음을 굳힌다. 과학교사로서 과학의 순기능만 강조하는 과학교육에 염증을 느껴 '부산과학교사모임'을 찾아 김옥자 선생을 만난 것이 환생교의 인연의 시작이다.

6월 항쟁 이후 공해문제연구소에서 활동하던 서울 초등의 고은경 교사, 낙동강 페놀 사건 싸움의 중심에 있던 전교조 해직 교사 출신인 경남 이인식, 서울 중등의 한상훈 교사 등이 중심이 되어 1995년 1월 이인식을 회장, 고은경을 사무국장으로 선출하고 '환경을생각하는전국교사모임'을 창립한다. 그 시기를 전후하여 지역에서는 '환경을생각하는 ○○교사모임'이라는 형태로 환생교 교사모임이 속속 창립되었다. 당시

부산에서도 김옥자 선생을 중심으로 김옥이, 박중록 등이 '부산환생교'
를 창립한다.

교육, 생태와 환경도 학생들이 주체가 되어
온몸으로 실천하는 것을 중시했던 박중록

박중록은 환생교를 통하여 생태를 배우면서 계몽 중심의 환경교육에
서 체험 중심의 환경교육으로 환경교육관의 자리를 잡아갔다.

박중록은 1993년 전교조 참교육 실천 연수 때 환생교 분과 연수에
서 유창희 선생이 한 "숲은 그 자체로 하나의 생명"이라는 말을 통해
'전일적 생명관'에 눈을 떴다. 생명을 전체와의 관계 속에서 바라보아야
한다는 사실에 신선한 충격을 받았다. 생명은 각자 스스로 존재하는 것
이 아니라, 생명이 존재하는 물적 토대인 자연과 개별 개체는 물론, 모
든 생명은 나름대로 사회를 이루고 관계와 질서를 만들면서 존재해 나
간다는 깨달음을 얻은 것이다.

그는 환생교 연수에서 얻은 내용을 학생들에게 그대로 전달하기 위
하여 노력하였다. 들꽃 연수를 받고 와서는 주변의 야산을 누비면서 들
꽃을 익혀 학교에 들꽃 화단을 조성해 학생들과 가꾸며 공부해 나갔
다. 우리 민물고기를 공부하고 나면 학교 주변 하천에서 민물고기를 탐
사하고, 그 물고기들을 과학실 어항에서 키우며 학생들을 교육했다. 그
러면서 터득한 것은 학생들을 현장으로 데리고 나가는 실천이었다. 물
가든 야산이든, 갯벌이든 데리고 나가서 풀어놓기만 하여도 그 자체로
학생들은 신이 나서 자연과 생명을 익히고 터득해간다는 것을 절실히
깨달았다.

1. 낙동강하구 지키기 싸움을 할 때 학생들이 그리고 쓴 작품
2. 대명환경전 환경 퍼포먼스 장면. 아이들은 낙동강하구를 응원하기 위해 마지막 환경전 퍼포먼스 '지키자 낙동강하구'를 만들어주었다. 이 외에도 아이들은 설악산, 천성산, 내성천 등 위협받는 우리 자연을 응원하는 퍼포먼스를 매년 환경전 행사 때 만들어주었다.
3. 대명환경전에 초청한 지율 스님과 내성천의 친구들과 함께 초청강연회 뒤 기념 촬영
4. 대명여고 마지막 수업

대입 준비를 하는 인문계 여고생들을 데리고 환경실천 활동을 하기가 쉽지 않음에도 그는 학교 '환경봉사대'를 조직한다. 학생들의 자발성에 호소하기 위해 쓰레기장을 뒤져 쓰레기 분리수거하는 일부터 발 벗고 나섰다. 1994년부터는 '환경의 날'에 '환경축제'를 열었다. 환경동아리만이 아닌 전교생을 대상으로 재활용품 활용 기념물 제작 전시, 맨발로 흙 밟아보기, 초청 강연 등을 열어 학생들이 환경에 관심을 두도록 하였다. 수년 동안 재활용품을 모아 판 돈으로 '푸른학교 가꾸기' 운동을 벌여 '개교 10주년 생명나무 심기'를 하고, 2004년에는 태양열 온수기를 설치하기에 이르렀다.

담임을 맡았을 때는 학생들과 의논하여 빈 시간에 뒷산 가기, 같이 청소하기, 생일 챙겨주기, 방학 때 학급 야영하기, 학급시화전 열기, 조·종례 운영도 학생들이 돌아가면서 하기, 담임인 자신이 직접 도시락을 싸 와서 학생들과 함께 나누어 먹기, 시외버스를 타고 들꽃 기행소풍 가기 등 그는 다른 교사들이 귀찮아하고 힘든 현장 활동과 학생들을 학습의 중심에 놓는 활동에 적극적이었다. 지금도 가끔 제자들을 만나면 그때의 추억들을 이야기한다고 한다.

낙동강하구 보전 투쟁은 박중록을
한국 습지 운동과 환경운동의 중심으로 이끌어

박중록은 전교조와 환생교 외에도 부산환경운동연합과 녹색연합 회원이 된다. '대명여고30대교사모임' 교사들과 함께 단체로 부산의 환경단체에 가입한다. 회원으로서 열심히 활동함으로써 부산녹색연합에서는 감사패를, 부산환경운동연합에서는 '부산환경인상'을 받았다. 그뿐만 아니라 교보생명에서 해마다 한 명씩 주는 환경교육대상도 받았다.

박중록은 1997년 부산녹색연합과 함께 '낙동강하구 주말 철새학교'를 열었다. 낙동강하구의 철새와 자연 생태를 탐사하고 연구하는 활동을 하다가 어느 날 신문에서 명지대교後에 이름을 '을숙도대교'로 바꾼다 건설, 명지 주거 단지 고층화, 신호산업단지 건설 등의 기사를 접하고, 그냥 있어서는 안된다는 생각을 하게 된다. 명지갯벌과 낙동강하구를 헤매며 마도요와 넓적콩게 등을 만났을 때의 그 흥분된 감정이 채 가시기도 전에 이런 충격적인 소식을 접한 박중록은 가만있을 수 없었다. 박중록은 부산환경운동연합 운영위원회에 참가해 낙동강하구 보전을 위한 대책 수립을 제안하였지만 현실을 모르는 제안이라며 거부당했다. 그러자 그는 뜻을 같이하는 활동가와 회원들과 함께 부산환경운동연합 내에 '낙동강하구보전모임'을 만들었다. 그렇지만 큰 도움을 받지 못하자 낙동강하구 보전을 중심으로 활동할 독립된 단체를 만들 결심을 한다.

서울 정진영, 경남 이인식, 인천 오창길 등의 뜨거운 호응을 받고, 당시 국제신문의 김해창 환경 전문기자, 당시 한국의 새와 습지를 연구하는 외국인 '나일 무어스'도 함께하기로 뜻을 모았다. 드디어 2000년 10월 8일, 낙동강하구 을숙도에서 '습지와새들의친구'라는 우리나라 최초의 습지 보전 단체가 탄생한다. 박중록은 이 모임의 운영위원장을 맡아 습새 운동의 활동가 역할을 함께 맡게 된다. 습새는 정기적으로 회비를 내는 회원이 200명에 이른다. 내친김에 국내외 유관 단체들과 네트워크를 형성하여 습지에 관한 정보를 공유하고, 새만금, 천성산, 낙동강하구 등 전국에서 끊임없이 자행되는 습지 파괴에 맞서 '한국습지네트워크'를 창립, 운영위원장 일까지 맡았다.

습새는 주로 조류 조사 활동과 습지 보전 운동, 인식 증진을 중심으

1. 습지와새들의친구가 연 습지 기행 안내자 양성 자연학교 참가자 실습 모습
2. 환생교 여름 연수 중 DMZ 생태탐방
3. 생태 기행 안내 모습
4. 2010년 2월 2일 세계 습지의 날 한국습지NGO네트워크 설립
5. 후쿠오카 저어새를 지켜주세요. 김해공항에서 부산을 방문한 후쿠오카시장 일행에게 대명여고 친구들의 편지를 학생대표들과 함께 전달하였다.
6. 강원도 평창에서 개최된 CBD COP12(생물다양성협약 12차 당사국총회)에 대처하기 위해 한국 CBD시민연대를 설립. 2014년 1월.

로 활동을 전개했다. 우리나라에서 시민과학을 정착시킨 낙동강하구 조류조사는 2004년 4월부터 지금까지 매월 1주도 빠트리지 않고 실시하고 있다. 자원봉사자들을 모집하여 김수일 교수 등 전문가들의 도움을 받아 조사요원을 양성하고, 전공한 학자와 교사 등이 중심이 되어 이들과 함께 꾸준하게 조사 활동을 실시하였다. 그래서 이들은 〈황해 생태 지역 보고서〉2001년를 시작으로 〈낙동강하구 조류 서식 실태 조사 보고서〉2009년 2월 등 10여 권의 보고서 및 교육 자료집을 발간하는 성과를 거둔다. 이렇게 축적된 자료들은 낙동강하구 문화재 보호구역의 핵심 지역을 관통하는 대저대교 건설 등 낙동강하구 개발과 사업에 대항하여 싸울 때 긴요하게 사용하는 무기가 되었다. 관의 개발 사업에 동원된 관변학자들의 엉터리 자료들을 무력화하는 도구가 된 것이다. 발로 뛰어 만든 살아있는 '생태보고서'기 때문이었다. 한편 어린이와 성인을 위한 생태학교를 개설하여 십수 년째 운영하면서 저변을 넓히는 활동은 지금도 계속하고 있다.

명지대교 건설반대 현장 집회

박중록을 중심으로 김해창, 강연성, 정태헌 등은 2001년 '철새공화국'을 선포한다. 이들은 철새 공화국의 헌법까지 제정하면서 낙동강 보전에 나선다.

2002년 부산시가 명지대교를 건설하여 새들의 보금자리인 을숙도를 관통하는 '직선형 우회 노선안' 발표를 보고 '을숙도 철새공화국 비상사태'를 선포하고, 부산시와 결연하게 싸울 것을 결의한다. 명지대교 건설 방안에 대한 부산시의 주장에 조목조목 반박하는 등 여론전과 시위, 법정투쟁까지 끈질기게 물고 늘어졌다. 그러한 노력은 문화재청 문화재위원회의 명지대교 건설 유보라는 결정을 이끌어냈다. 그러자 부산시는 기존 직선안을 돌아가는 시늉만 낸 '직선형 우회 노선안'을 제시하여 기어이 문화재청의 심의를 통과한다. 기존 직선안에서 을숙도 남단을 가로지르는 중간부분만 300m 북쪽으로 올린 형식적인 보완이었다. 이런 싸움이 계속되는 과정에서 부산의 유명 환경단체와 활동가가 부산시와 이면 합의를 하여 환경운동을 팔아먹는 현실을 경험하는 씁쓸함을 맛보기도 한다.

마지막 남은 방안은 낙동강유역환경청

1. 명지대교 공사 중지 가처분 소송 재판 뒤 기념 촬영. 대교건설이 새들의 서식을 방해한다는 상식적 증언을 해줄 전문가를 찾지 못해, 일본기러기보존회 마사유키 쿠레치 대표가 증인으로 참석하였다.
2. 람사르총회장에서 낙동강하구 보전을 촉구하며 시위 중인 모습. 2005년 우간다.
3. 낙동강하구 을숙도를 방문한 람사르협약 피터 브리지워터(Peter Bridgewater) 사무총장에게 을숙도를 관통하는 명지대교 문제를 설명하고 낙동강하구 보존에 대한 람사르협약 사무국의 도움을 요청하고 있다. 2006년 7월 3일.

의 습지 보호구역 내 개발행위를 막아내는 길뿐이었다. 이를 위하여 시민연대는 서명운동, 문화재, 교사 선언, 낙동강유역환경청의 사무실 점거 등으로 맞섰다. 당시 전국 환생교 회장을 맡고 있던 필자가 환생교 분기별 모임을 부산에서 갖고, 전국 환생교 회원들과 함께 을숙도 집회와 낙동강유역환경청 항의 방문 등을 했던 기억이 새롭다. 낙동강유역환경청은 부산지역 환경운동가 몇 사람과 부산시장 간의 중재를 통하여 신호대교 남쪽 부분을 습지 보호지역으로 추가한다는 이면 합의를 해버린다. 정부 과천청사 앞에서 항의 집회를 열고 법정 투쟁에 들어간다.

2005년 6월 부산지방법원에 공사 금지 가처분 신청을 냈지만 중간에 담당 판사가 바뀌는 등의 곡절 끝에 가처분 신청을 '공익성, 신청인들의 환경권 자격 문제' 등을 지적하며 가처분기각 결정을 내린다. 설상가상으로 1심 재판을 도와주던 변호인도 그만두면서 박중록이 스스로 변호인이 되어 2심과 3심을 진행했다. 2, 3심 법원도 역시 가처분신청을 기각 결정해버린다. 2006년 11월 1일 대법원 판결로 명지대교 싸움은 그렇게 종말을 맞는다. 일말의 희망을 걸었던 사법부가 애매하게 공익성만 내세우며 부산시 손을 들어주는 것을 보면서 사법부에 대한 실망과 상실감은 이루 말할 수 없었다.

서로 다른 그림을 그리는 '민관 협치의 길'은 영원한 짝사랑으로 끝나

박중록은 명지대교 싸움에서 엄청난 회한을 안고, 그 작은 몸으로 싸우는 것의 한계를 뼈저리게 느꼈다. 그렇다고 물러설 수 없었다. 부산시는 그린벨트를 풀어서 아파트나 공장 부지 등을 마련하는 것보다는 문화재 보호구역으로 묶여있는 습지들을 풀어서 개발·활용하는 것이 수월하다고 판단하고, 곳곳에서 개발 욕구를 드러냈다.

부산시가 낙동강하구 지역을 '람사르협약'에 등록하려는 계획을 세울 때, 박중록은 부산의 여러 시민단체와 함께 철새들의 보금자리인 명지갯벌을 포함하기 위하여 부산시 공무원들을 설득하는 활동 또한 집요하게 했다. 그런 노력 끝에 '수변부부터 점차 고층화한다'는 타협을 이끌어내기도 한다. 부산시가 낙동강 둔치를 서울 한강 둔치처럼 만들려는 시도를 막아내기 위하여 주변 농민들과 '둔치연대'를 결성하여 싸웠다. 새들을 위한 둔치를 살리기 위해서다. 염락둔치, 삼락둔치 등을 보전하려고 무진 애를 썼다. 처음에는 협조가 잘되다가 농민들이 떠나가자 둔치에는 축구장이 들어오고 관리도로가 들어서면서 낙동강 둔치 보전 운동도 결국은 실패로 쓸쓸하게 막을 내렸다.

2008년 '창원 람사르총회'에서 NGO들은 낙동강하구를 '람사르 습지'로 등록하려고 노력했다. 그러나 부산시는 물론 당

1. 명지대교로부터 을숙도를 지키기 위해 을숙도 철새공화국 선포식을 한 뒤 동무들과 함께. 2004년 2월.
2. 환생교 여름 연수 중 DMZ 생태탐방 중
3. 대저대교 환경영향평가의 거짓 부실 작성에 대해 철저하고 중립적인 검증을 촉구하며 2019년 8월 20일부터 9월 6일까지 낙동강유역환경청(창원시)에서 농성

시 4대강에 빠져있던 이명박 정부에는 반가운 일이 아니었다. 이명박 정부는 습지 보전에는 관심이 없고 총회를 한국에서 개최한다는 자체에만 관심을 가진 것이다. 그래서 NGO 단체들이 정부와 지자체와는 별도로 대회를 개최하는 일까지 벌어졌다. 정부의 습지에 대한 정책을 NGO 단체들이 도저히 수용할 수 없었기 때문이다. 박중록 등은 새의 중간 기착지로서 낙동강하구의 국제적 중요성을 알리고, '논 습지 결의안'을 통과시키는 성과를 내는 것으로 아쉬움을 달랬다.

이명박 정권의 4대강 사업은 낙동강하구 지키기 투쟁을 하는 박중록에게는 어쩌면 가장 힘든 싸움이었는지도 모른다. 현대건설 사장 출신 개발업자가 대통령이 되어 절대다수 국민의 반대를 무릅쓰고 무지막지하게 밀어붙이는 4대강 사업이니 말이다. 오체투지, 1인 시위, 국제적으로 알리는 일 등 힘겨운 투쟁은 계속되었지만 결국 4대강의 보들은 이명박이 원하는 대로 놓이고 말았다. 이런 실패 속에서도 절망하지 않고, 연대하며 유연하지만 끈질기게 싸운다. 환경과 생명 파괴자들과는 악착같이 싸우지만 동지들에게는 한없이 겸손한 것이 '박중록의 트레이드마크'다. 천성산 이후 다시 산으로 돌아가셨다가 4대강사업 소식에 2009년 다시 내성천으로 내려 온 지율스님을 도와 지금도 매월 1회 내성천 조류조사를 하고 있다.

교사 퇴임 후에 그가 있을 곳은 뻔하다

박중록의 삶은 교사로서는 참교육 실천, 환경운동가로서는 명지대교 건설 반대 투쟁부터 4대강 저지 투쟁까지 낙동강하구를 지켜내기 위한 수많은 투쟁으로 점철되었다. 하지만 퇴직 후 그는 제2의 인생의 출발선에 있다. 그의 '습지와 새'들에 대한 열정이 교직을 그만두었다고 그칠 리 없다. 3년여 동안 부친의 병환 때문에 습새 활동을 잠시 떠나 있었지만 물고기가 물을 떠나 살 수 없듯이 그는 다시 낙동강하구로 돌아왔다. 그에게는 앞으로 제2의 명지대교인 대저대교, 엄궁대교, 장낙대교가 기다리고 있다. 부산시는 현재 낙동강하구 문화재보호구역 내에서 16개의 신규 교량건설을 추진하고 있다. 우리가 취재차 부산을 방문한 날 저녁 동녘 하늘에 보름달이 두둥실 떠오른 시간, 박중록은 우리를 대저대교 건설 예정지로 데리고 가서 현장을 보여주었다. 이 다리들은 그나마 남아있는 철새들의 보금자리인 낙동강하구를 완전히 파괴하는 괴물이 될 것이라고 하면서. 이 다리를 막아내는 일에 또다시 몸을 던져야 한다는 그의 결기를 확인했다. 맨날 지는 싸움만 하는

낙동강하구 조사 동무 김시환 선생과 함께. 2004년부터 지금까지 매월 거르지 않고 낙동강하구 조류 조사를 하고 있으며, 2013년 5월부터는 내성천을 지키기 위해 풍찬노숙하고 계신 지율 스님을 돕기 위해 매월 1회 내성천 조류 조사를 하고 있다. 조사 자료는 그 지역을 지키는 가장 기본 자료로 활용된다.

것 같지만 절망하지 않고, 유연하면서도 끈질기게 싸우는 그의 용기에 필자는 고개 숙일 따름이다. '이제 환갑도 넘은 나이에 청년들 저리 가라는 저 열정은 도대체 어디서 연유하는가? 조금 쉬면서, 살살해도 될 텐데……'

낙동강하구에서 나고 자란 자양분에 전교조와 환생교가 그를 그리 이끌었다는 생각에 무한한 동지감과 연대감을 다시 한번 확인했다. 그가 이 길을 갈 수 있도록 지켜준 사모님 또한 대단하다는 말밖에 더 무슨 말을 하겠는가?

전국 곳곳에 이런 박중록이 딱 100명만 있다면 우리 한반도가 이렇게 삽질과 포크레인에 할퀴어 생명이 죽어가는 땅으로 버려지진 않았을 것이다. 인간과 자연이 더불어 살아가는 세상을 위하여 앞으로 5천만 국민이 제2의 박중록으로 거듭나는 것을 바란다면 꿈일까?

서민태

글_이주영

품격 있는 사회로 올라설 사다리가
더 많은 세상 만들기

1986년 5월 10일은 이 땅의 교사들이 '교육 민주화'를 선언한 날이다. 이를 기념하여 민주교육추진 전국교사협의회에서 1988년 5월 10일을 '교사의 날'로 선언한 날이기도 하다. 이런 뜻깊은 날 김민곤·김광철 기획취재위원과 함께 울산으로 서민태 선생이후 호칭 생략을 취재하러 갔다.

울산은 가보고 싶은 곳이었다. 공업도시로 시작했고, 노동자대투쟁이 있었고, 온산병이 발병했고, 원자력발전소가 밀집해있고, 탈핵 운동이 치열하고, 노옥희 교육감이 당선되어 무엇인가 용솟음칠 것 같은 곳이기 때문이다. 그런 울산에서 서민태는 초등교사로 32년을 살면서 전교조 울산지회장, 울산시 초등위원장, 남북교사 교류 대표단, 탈핵울산시민공동행동 상임대표, 울산시민연대 공동대표, 통일의병울산지부장을 비롯한 울산지역 여러 시민단체에서 활동하였다. 그리고 특이하게도 아파트 주민대표까지 하였다. 굴화두레마을 회장이다.

행복한 운동, 굴화두레마을 만들기

초등학교 교사가 현직에 있으면서 아파트 단지 입주자 대표를 했다는 말은 처음 들었다. 더구나 전교조와 시민단체 활동을 이렇게 많이 하면서 아파트 주민 대표 일을 하기란 쉽지 않기 때문이다. 그래서 우리는 울산역에서 만나자마자 점심을 조금 늦게 먹더라도 굴화아파트부터 가자고 재촉했다.

전세살이를 하다가 1997년 처음으로 집을 샀는데, 그 집이 굴화주공아파트였다고 한다. 그런데 아파트 관리에 문제가 있었고, 이를 해결하려고 아파트공동체 운동을 시작하게 되었다고 한다. 전교조 교사 중에서는 무슨 아파트 주민 대표를 하느냐며 말리는 사람도 있었다. 그럴수록 마을 단위 주민자치는 풀뿌리 민주주의 바탕이 되는 생활 속 운동이니 제대로 해서 보여주겠다고 다짐하였다.

굴화두레마을 입구

서민태는 굴화두레마을 입주자 대표회의 핵심 철학을 '입주민을 최우선으로 생각하자!'로 정했다. 아파트 단지에는 통반장, 방범대, 청년회, 여성회 같은 여러 단체가 있는데, 이런 단체들 사이에 불협화음이 생기면 결국 입주민에게 안 좋은 영향이 미치므로 하나하나 소통하고 화합하면서 살맛 나는 공동체 만들기에 주력했다. 이를 위해 '공개성의 원칙, 헌신성의 원칙, 민주성의 원칙, 자발성의 원칙'이라는 민주주의에서 요구하는 4대 원칙을 세워서 실현해나갔다. 자치회에서 마을 행사를 직접 기획해 1년에 두 번 봄/가을에 했고, 어린이들이 직접 마을을 그리는 그림대회와 주민들이 찍은 마을 사진대회에 공모한 작품을 아파트 현관에 붙였다. 20년이 지난 지금도 이런 전통은 살아있는데, 아주 작은 일이지만 마을공동체를 형성하는데 뿌리가 될 수 있는 활동이라고 했다.

또 한 가지 힘을 기울인 것은 '생명의 숲' 운동과 연계한 숲 가꾸기였다. 지금은 대부분 아파트 단지를 건축할 때부터 숲과 연못과 정원을 조성한다. 그러나 20년 전에는 처음 시도하는 것이어서 자치회 임원과 주민을 설득하기가 쉽지 않았다. 막상 주민들을 어렵게 설득해서 만들었는데, 구청에서 도로법에 어긋나서 안 된다는 경우도 있었다.

아파트 단지에 숲을 만들자고 할 때는 집에서 싸우고 화가 났을 때 쉬면서 화를 풀 숲속 쉼터가 필요하다고 주민들을 설득했다. 그렇게 구석구석 나무와 꽃을 심었고, 주차장 사이사이까지 느티나무를 심었다. 연못과 분수대를 만들자고 했을 때는 모기 발생과 안전 문제로 반대가 많았다. 생태연못을 만들어 모기를 줄이고, 안전 문제를 최소화할 방법을 논의하면서 설득했다. 아파트 앞 도로 벽면을 식물과 담쟁이로 가꾸니까 구청에서 도로법에 어긋난다며 원상복구하라고 해서 불복하면서 버티기도 했다.

제14회 아름다운 숲 전국대회 공존상

울산광역시 남구

굴화두레마을
개여울숲

함께 사는 공동체를 꿈꾸며 함께 가꾸는 마을숲
굴화두레마을은 울산 남구 무거동에 소재한 주공 1단지 아파트를 이른다. '두레'라는 말에 담긴 공동체 정신을 계승하여 따뜻한 정이 흐르는 아파트를 만들자는 뜻을 모아 '굴화두레마을'이라 이름 붙였다. 굴화두레마을 개여울숲은 새들과 사람, 숲이 함께 어우러져 사는 아파트 마을숲이다.
마을주민들은 도시 비오톱 조성 사업의 일환으로 아파트 내 연못과 연결되는 개울을 만들고 숲을 가꾸었다. 주민들은 마을을 가꾸고 숲을 가꾸는 활동을 통해 공동체를 회복하기 위해 노력하고 있다.

굴화두레마을 개여울숲은?
· 위치 : 울산광역시 남구 굴화4길 20 굴화두레마을
· 주요수종 : 벚나무, 느티나무, 단풍나무 등
· 관리주체 : 굴화두레마을 입주자대표회의
  052-221-0224 / www.ghdure.com

1. 굴화두레마을 아파트 입구마다 걸린 어린이 그림과 마을 사진.
2~4. 굴화두레마을 정원과 개여울숲 안내판, 연못.

아파트에 생태연못 개념이 없던 당시에 견학 온 사람들이 "연못이 있는 아파트는 생전 처음이다. 참으로 보기가 좋다"고 했고, 구청에서 반대하던 아파트 담 녹색사업이 1년 뒤에는 시청 사업으로 채택되어 권장까지 하게 되었다. 상상한 것을 하나둘 현실화하면서 실천하는 과정에서 모두가 행복하였고, 희망을 노래하였다. 굴화두레마을은 전국 아름다운 마을 숲 공모에서 아파트로는 처음으로 선정되었고, 진보 민주시민 운동과 마을자치 운동의 모범을 보인 곳으로 오랫동안 지역 진보 운동의 상징으로 이름을 떨쳤다고 한다.

서민태는 1999년부터 굴화두레마을 회장으로 일한 5년이 자신의 생애에서 가장 황금기였다고 한다. 서로 다른 직업과 삶을 살아온 아파트 주민들이 마음을 모아 살아가는 터전을 스스로 가꾸는 주민자치 활동이 재미있고 행복했다고 한다. 상상한 일을 바로 눈앞에서 이루면서 새로운 가치 실현을 통해 자신의 삶이 더 숙성되고, 사다리 하나를 더 올라가 세상을 더 멀리, 넓게 볼 수 있게 된 시기가 아니었을까.

생명의 숲, 건강한 울산 만들기

굴화두레마을 숲을 돌아보고 식당에 가니 안승문 울산시교육청연수원장과 김용진 울산시교육청 장학사가 반갑게 맞이한다. 점심을 하면서 두 사람이 본 서민태 이야기를 들었다. 안승문은 서울에서 내려와 울산시와 교육을 이해하는데 서민태 도움을 많이 받고 있다고 했다. 울산지역 대부분 진보 민주단체들이 시작할 때부터 참여한 경우가 많고, 퇴직하고 울산저널 대표를 맡는 마당발이기 때문이다.

김용진은 내가 한국글쓰기교육연구회 활동으로 11개 교육대학교 학생동아리를 만들어서 지도할 때 진주교대 동아리에서 활동하면서부터 알고 있어 허물없이 이것저것 물어볼 수 있었다. 서민태를 한마디로 말해보라고 했더니 김용진은 대뜸 무지개 같은 사람이라고 했다. 자기 색깔을 분명하게 가지면서도 다른 사람들 색깔을 인정하고 존중하면서 활동하기 때문이다. 그리고 어느 날 보면 끝내 무지개처럼 모두가 어우러지는 아름다운 색, 더불어 사는 아름다운 삶을 만들어낸다는 것이다. 그래서 조합원이나 일반 교사, 교감이나 교장도 서민태라면 믿는다고 했다.

점심을 먹고 울산대왕암 공원길을 걸었다. 경주대왕암이 문무대왕 무덤이라고 하고, 울산대왕암은 문무대왕 왕비 무덤이라고 전해 내려온다고 했다. 맑고 깨끗한 하늘과 굽이굽이 이어지는 바위 절벽 사이로 푸른 바닷물이 찰싹거렸다. 연수원 뒷산으로 가서 이종산 선생 묘소에 참배하였다. 이종산은 해방 후 자기 재산과 땅을 기부해 방어진수산중학교를 세웠고, 나중에 교육청에 기부한 것이 지금 교육연수원으로 이어지고 있다고 한다. 이런 분을 기리는 일이 잘 이어지기를 바란다는 이야기를 나누었다.

울산대왕암 산책길

울산교육연수원 안승문 원장실에서 좌담(위)과 이종산 선생 참배(아래)

국가 정원인 태화강 공원으로 가서 십리대밭을 걸었다. 태화강 길은 갓이 가득 자라고. 강물 여기저기서 물고기가 끝없이 뛰어놀았다. 한때 환경오염의 대명사처럼 불린 태화강이 맞나 싶었다. 하늘 높이 자란 굵은 대나무가 햇빛을 가리고, 대숲 사이로 시원한 바람이 스쳐 지나갔다. 태화강과 십리대밭이 이렇게 살아난 데는 울산시민이 참여한 환경운동 결과라고 한다. 20여 년 전에 시에서 개발하려는 것을 반대해 '태화강 살리기 운동'과 함께 '한 평 사기' 운동을 펼쳐서 지켰다고 한다. 함께 걷던 김민곤 선생은 자기 고향인 진주에도 이런 대밭이 많았는데 개발 바람이 불면서 다 베어버렸다면서 안타까워했다.

1. 갓이 가득 자란 태화강길
2. 태화강 공원
3. 십리대밭길
4. 학교숲모범교사상

서민태는 이러한 울산 환경 운동에 일찍부터 참여했고, 생명의 숲 운동을 살던 마을과 근무하던 학교 현장에서부터 실천했다. 2002년 수암초에서 '학교숲 가꾸기 주무교사'라는 낯선 업무를 스스로 만들어서 맡았고, 2006년 범서초에 가서도 '학교숲 주무교사'를 하면서 지역에서는 처음으로 '제5회 학교숲의 날' 행사를 열었고, 2008년 연암초에서도 운동장에 느티나무 심기를 했고, 2012년 다전초에 가서는 느티나무 심기와 함께 학교 이름에 맞게 차밭 만들기까지 창안해 앞장섰다. 생명의 숲 살리기는 우리 겨레 삶과 아이들의 생명을 살리는 길이라고 믿었기 때문이다.

　공사 때문에 베거나 파서 버리는 나무가 있다고 하면 큰 나무 작은 나무 가리지 않고 굴화두레마을이나 학교 운동장으로 옮겨다 심었다고 한다. 생명 하나하나를 살리는 마음으로 운동장을 파서 심고 물을 주었다. 처음에는 땡볕에서 운동장 꽃과 나무에 물을 주느라 힘든데 젊은 교사들이 놀면서 지켜보기만 하는 걸 괘씸하게 생각했다고 한다. 그러나 물을 주면 바로 생기가 돌면서 살아나는 꽃과 나무를 보며 달리

오른쪽부터 서민태, 노옥희(울산시교육감), 정익화(우리헌법읽기 울산지부장), 김광철, 김민곤, 이주영, 안승문(울산교육연수원장)

생각하게 되었다고 한다. 곧 꽃과 나무를 중심으로 생각하지 않고 자신을 중심으로 생각하다 보니 삿된 생각을 한다는 것을 깨달았다고 한다. 이것이 자신의 삶을 한 단계 높이는 계기가 되었다고 한다.

태화강 강변 식당으로 저녁 식사를 하러 가니 정익화 선생이 먼저 와 기다리고 있었다. 정익화는 울산에서 서민태와 많은 운동을 함께했고, 지금은 우리헌법읽기국민운동 울산지부장을 맡고 있다. 조금 뒤 노옥희 교육감이 부군인 천창수 선생과 같이 왔다. 김광철이 《우리교육》에서 서민태 취재하러 왔다고 교육감 부부가 나와서 대접을 하니 놀랐다면서 서민태가 얼마나 열심히 살았는지 짐작할 수 있다며 웃었다. 울산교육과 교육 운동에 대한 이야기꽃이 피었다. 그 속에서 서민태를 비롯한 전교조 울산지부 조합원들이 살아온 애환을 들었다.

남과 다르게 생각하고 새롭게 상상하기

예약해 놓았다는 숙소를 가보니 어련당이라는 멋진 한옥이었다. 어련당은 어련천에서 따온 이름인데, 말씀 어語에 잇달아 련連을 쓴다. 아름다운 말이 흐르는 집이라는 뜻을 담고 있다고 했다. 집 이름처럼 우리 방에서는 말이 물처럼 흘러내렸다. 어린 시절부터 살아온 이야기를 묻고 대답하고, 또는 무시로 서로 끼어들기를 하면서 샘처럼 솟아나 흘러간 말 중 내 마음에 고인 몇 가지를 풀어본다.

서민태는 경남 창녕군 유어면 풍조리에서 가난한 자작농이었던 서중현과 설말순 사이에서 4남 중 둘째로 태어났다. 창녕천이 흘러가며 만든 늪이 있고, 우포늪 역시 소풍 다녀올 수 있는 거리에 있다. 늪에서 놀던 기억이 많이 나고, 소먹이는 일, 밭매기, 논에 물푸기 같은 집안 농사일을 거들면서 자랐다. 어려서 가장 많이 먹은 음식이 맨밥에 간장 넣어서 비벼 먹는 것이었다니, 얼마나 가난했는지 알 수 있다.

초등학교 때 기억에 남는 일로 두 가지를 꼽았다. 하나는 상장을 타오면 스스로 찢어버렸다고 한다. 마치 상으로 자기를 꾀어내는 것 같고, 자기를 상에 얽매이게 하는 것 같아 싫었다고 한다. 또 하나는 담임 선생님한테 억울하게 맞은 일이라고 한다. 선생님이 청소 당번은 검사받고 가라고 해서 청소가 끝나고 찾아다녔지만 안 계셨다고 한다. 그래서 그냥 집에 왔는데 다음 날 학교에 가니 선생님이 검사받지 않고 갔다며 총채로 때려서 맞았는데, 그게 억울해서 잊을 수가 없다고 한다.

중학교 때는 국어를 가르치시던 안병욱 선생님이 "박정희가 유신헌법을 만들면서 한국적 민주주의를 이야기하면서 민주주의란 보편 논리인데 어떻게 한국적 민주주의가 있을 수 있는가?"라는 논리로 이야기하시는데, 그 뜻을 잘 몰랐지만 그때 선생님이 말씀하시면서 긴장된 느낌을 또렷하게 기억할 수 있다고 하였다. 그때 박정희가 만든 유신과 한국

중학교 시절(맨 왼쪽)과 고등학교 시절

방범대원 아르바이트 시절(위)과 부산교대 졸업 부모님과 함께(아래)

적 민주주의가 잘못이라는 비판으로 받아들이면서 긴장했다고 한다.

고등학교는 창녕기계공고 기계제도과로 진학하였다. 가난한 집에서 고등학교만 졸업하고 공장에 취직하기 위한 선택이었다. 당시 자전거를 타고 40여 분이나 걸려서 통학하는 게 힘들었다. 그래서 어떻게 하면 날아갈 수 있을까 궁리했다고 한다. 비행체를 만들어 언덕에서 내달려 보았지만 실패했단다. 기술 시간에 담금질을 배우고 집에 와서 부엌칼을 연탄불에 달궈서 담금질하다가 깨 먹기도 하고, 시계나 라디오를 풀어서 조립했던 이야기를 줄줄이 했다.

고2 때 기계제도과에서 졸업 전에 따야 할 기능사 자격증을 따서 할일이 없었다. 그래서 대학 시험공부라도 해보자고 하였단다. 졸업하면 군대를 가야 하는데, 고민이 많았다. 하루는 윤리 선생님과 상담을 했다. 남북한이 같은 동포인데 갈라져서 싸우는 게 도저히 이해가 안 되고 용납할 수도 없고, 따라서 군대 가서 북한 동포한테 총을 겨누는 일을 할 수 없다고 했다. 선생님이 가만히 들으시고는 그렇다면 교육대학을 가는 것도 한 방법이 되겠다고 하셨다. 교대는 수업료가 싸고 군대에 가지 않아도 된다고 했다. 교대에서 군사훈련을 받아야 하고, 졸업 후 바로 단기 하사로 제대하는 대신 초등교사로 5년 동안 의무 복무해야 한다는 건 몰랐다고 한다. 국비 지원 의무 복무 2년을 먼저 하고 난 다음에 5년을 복무해야 하니 사실은 7년이었다.

윤리 선생님께 교대 소개를 받고 부산교대에 진학했다. 부모님은 아들을 따라서 몇 마지기 갖고 있던 고향 땅을 탈탈 팔아서 부산 변두리로 이사했다. 부모님은 잡일로 생계를 유지하고 자신은 지서에서 운영하는 방범대원 아르바이트를 하면서 학교에 다녔다. 밤 8시부터 새벽 2시까지 순찰하는 일이었다. 월급은 적었지만 교대를 다닐 정도는 되어서 4년 동안 집에서 돈 한 푼 안 받고 대학을 다녔다고 한다. 또 근무하면서 사회 뒷모습을 많이 보았다고 한다. 1986년 졸업했지만 미발령 상태라서 물 호스 만드는 작은 공장에 위장 취업해 일하면서 사회 공부를 많이 했다고 한다.

부모님은 어떤 분들이셨는지 물었다. 부모님은 서민태가 한다고 하는 건 모두 인정해주었다고 한다. 어떤 경우에도 왜 그렇게 생각하느냐고 묻지 않았고, 큰소리로 야단치거나 때리지 않았다. 모든 일에 헌신적이었다. 단 한 번 아버지한테 맞은 일이 있었다. 고등학교 2학년 때 친구하고 낫을 들고 산에 올라가는 길에 심어놓은 묘목을 별생각 없이 툭

툭 잘랐다고 한다. 산 주인이 아버지한테 일렀는데, 집에 오자마자 아버지가 그 사실을 확인하고는 지겟작대기로 때렸다. 그런데도 잘못했다고 말하지 않아 계속 맞았다고 한다. 그냥 두었다가는 맞아 죽을 것 같아서 어머니가 말려서 끝났다고 한다. 잘못인 건 알겠는데 그게 그렇게 맞을 정도로 잘못인가에 대한 반발 때문에 잘못했다는 말을 끝까지 안 했다고 한다. 자기 자신을 돌아보면 남과 다른 생각이나 새로운 상상이 머릿속에서 솟구치며 끓고, 자기 생각대로 하는 고집쟁이에 영혼이 자유로운 역마살까지 있는 것 같았다고 했다.

전교조 운동에서 시민운동으로 넓혀가기

1987년 울산 당월초등학교로 발령을 받았다. 대학 때도 운동권과는 거리가 멀었던 서민태가 민주교육 운동에 참여하게 된 전환점은 1987년도 대선이었다. 학교에 발령받고 학교 안에서 벌어지는 비리와 부조리를 보면서 마음이 불편했는데, 교육청에서 젊은 교사들을 시내 어느 식당으로 모이라는 전통을 보냈다. 그 전통을 보고 바로 삭제하라는 통지문까지 넣어 보내서 이상하다 싶었다고 한다. 부산교대를 갓 졸업한 동기가 많이 왔는데, 교육장이 "나무는 옮겨 심으면 죽습니다. 그러니 한 나무를 잘 길러야 합니다."라고 비유하면서 당시 여당을 찍으라는 선거 운동을 했다. 이런 선거 운동에 젊은 교사 대부분이 분노하였고, 교육 민주화 운동에 참여하는 계기가 되었다고 한다.

2년 뒤에 미포초로 전근했는데, 교장이 교총 탈퇴 운동을 비판하면서 젊은 교사들이 무지해서 그런 나쁜 일에 휩쓸린다는 투로 이야기했다. 벌떡 일어나서 젊은 교사들도 스스로 생각할 힘이 있고, 스스로 판

초임 교사 시절

단하고 행동할 권리가 있는데 그런 말로 모욕당할 까닭이 없다면서 사과하라고 요구했다. 그 교장이 학부모회에서 산 물건을 학교 돈으로 샀다고 거짓으로 서류를 꾸며서 횡령한 증거를 사진으로 찍어서 교육청에 고발하여 좌천시켰다.

서민태는 이렇게 현장의 부조리와 비리에 맞서면서 민주 교사로 성장하고, 전교조 결성에 참여하였다. 그런데 해직이 가시화되자 중앙에서 결정한 의무 복무 기간이 남은 초등교사들은 해직되지 않도록 하라는 방침에 따라 해직을 피했다고 한다.

당시 나는 전초협민주교육추진 전국초등교육자협의회 운영위원장 겸 전교협민주교육추진 전국교사협의회 초등위원회 위원장이었다. 전교조 가입 조합원에 해직이 가시화되자 의무 복무 중인 초등 남교사들도 해직을 무릅쓰고 투쟁해야 한다는 의견이 강했다. 그러나 나는 이에 해당하는 교사들은 해직당하지 말라고 중앙에서 의결해주어야 한다고 설득했다. 만일 해직당하면 바로 단기 하사로 입대해야 하는데, 그러면 1980년대 전후에 보안사에서 주도했던 녹화사업에 희생당할 수 있다고 보았기 때문이다. 당시 녹화사업은 보안사가 저지른 가장 반민주적 범죄 가운데 하나로, 데모하다가 입대한 대학생을 감시하면서 폭력과 협박으로 프락치 노릇을 하게 했다. 이 때문에 자살하거나 자살로 위장된 살해까지 부대 안에서 종종 일어났다. 당시 청와대와 안기부가 나서서 관계기관 회의를 통해 전교조 참여 교사를 좌경용공으로 몰고, 국민 대상으로 연간 예산 수백억을 쏟아부으면서 반상회에서 빨갱이로 모는 상황이었다. 그런 시국에 전교조 해직 교사 딱지를 달고 단기 하사로 입대하면 보안사가 녹화사업을 다시 할 수 있다고 보았기 때문이다.

서민태는 전교협 초등위 의결에 따라 해직을 피했지만 교단에 남아 더 강렬하게 활동하였다. 촌지를 누가 더 많이 받았는지 자랑하는 모습에 반발해서 촌지 거부 운동에 참여하고, 참교육 실천과 전교조 합법화 투쟁에 참여했다. 또 전교조 활동을 기반으로 지역사회 노동 운동, 시민운동, 환경 운동으로 넓혀갔다. 울산지역 학생은 중공업 노동자 자녀가 대부분인데 이들에게 부모가 하는 데모를 불법 데모라고 가르치라는 교장 지시를 받고 '이건 아니지'라는 문제의식을 느껴서 노동 운동과 결합하고, 강경대 열사 죽음을 보면서 시국선언에 동참했다. 아파트 단지 입주자 대표들의 비민주적인 모습을 보면서 아파트공동체 자치 운동에 앞장서게 된다.

이런 이야기를 들으면 서민태는 이론을 먼저 세우고 운동에 나서는 게 아니라 현장 경험과 실천을 통해서 이론을 점점 깊고 넓게 구축해 갔음을 알 수 있다. 지식으로 움직이는 먹물이 아니라 몸으로 실천하며 깨어나, 끊임없이 나를 성찰하고 남을 관찰하면서 자신을 담금질해 거듭나는 운동가다.

사다리가 더 많은 세상 만들기

"나는 세 가지 세상을 꿈꾸고 있어요. 통일 세상, 평등한 세상, 지속 가능한 세상입니다. 해방 세상이지요. 32년 동안 교사로 살면서 그런 세상을 꿈꾸었는데, 이제는 퇴직해서 그 길을 새롭게 찾아보자는 생각에서 정년 8년을 남겨두고 명퇴한 겁니다. 그런데 울산저널 대표를 맡게 된 거지요."

초등학교 때 빨갱이는 빨갛다는 말을 도저히 믿을 수가 없었다고 한다. 사람이 어떻게 빨간색일 수 있는가? 더구나 같은 동포라고 하면서 마귀처럼 그리라고 가르치다니. 1996년 한겨레신문사에서 북한 어린이 돕기를 할 때 어린이회 차원에서 해보자고 권유했다. 어린이회에서 적극적으로 찬성해서 아침 등교 때 교문에서 모금함을 들고 모금해보자고 의논하였다. 그런데 교육부에서 기부금을 모으려면 지방자치단체 허락을 받거나 적십자사를 통하라는 공문을 보냈고, 학교장은 이를 근거로 모금을 중지하라고 압박했다.

교육부 담당자한테 전화하니 정부 5개 기관대책회의에서 안기부가 주장해서 정한 방침이라면서 어쩔 수 없다고 했다. 죽어가는 북녘 어린이들을 돕는 일인데, 교육부 장관이 안기부 말에 굴복했다는 걸 용

서할 수가 없었다. 또 교육부 직원이나 교육장, 교장, 교감 누구 하나라
도 이에 저항하기는커녕 앞장서 막는 걸 용서할 수가 없었다. 전교 어
린이회의에서 결정한 일인데 어른이 막는 것도 부끄러운 일이었다. 그
런 명령은 수긍할 수도 인정할 수도 없었다. 그때는 굶주리는 북녘 어
린이한테 도움이 된다면 분신이라도 해야겠다고 생각하기도 했단다. 끝
내 모금을 진행해서 보냈다. 범민족 대회에는 꼭 참가했고, 2000년에는
남북교사 교류 남쪽 대표단으로 다녀오기도 했고, 퇴직하고도 '새로운
100년을 여는 통일의병 울산지부장'으로 활동하고 있다.

　서민태에게 탈핵 운동은 지속 가능한 세상을 만들기 위해 꼭 해야
하는 일이다. 특히 울산은 인근 30킬로미터 반경 이내에 13기가 있다.
세계 최대 밀집 지역이다. 일단 사고가 나면 누구도 책임질 수가 없다.
어떻게 책임을 진단 말인가? 우리나라 폐연료봉이 1828만 개로 인구
세 명당 한 개꼴이다. 고준위핵폐기물을 10만 년 동안 안전하게 저장해
야 한다. 전기는 우리가 쓰고 그 쓰레기 처리를 후손들이 10만 년 동안
해야 할 판이다. 이런 부끄러운 조상이 되지 않기 위해 탈핵골목순례단

을 만들어 골목골목 시민과 만났고, 탈핵울산시민공동행동 상임대표도 맡았다.

핵발전소를 더 이상 짓지 말고 지금 운용하는 핵발전소도 멈추게 하는 일은 어려운 일이 아니다. 이미 독일은 탈핵 선언을 해서 추진 중이고, 다른 여러 나라도 따라가고 있듯이 전기를 절약하고 친환경 재생에너지 비율을 높여가면 된다. 얼마든지 가능하다. 이런 가능성을 상상이라고 비웃으면서 핵발전소를 옹호하고, 태양광발전기를 비롯한 친환경 재생에너지를 왜곡 선전하면서 막는 세력은 핵발전소 건설과 운용으로 막대한 이익을 보는 대기업이다. 이런 왜곡에 맞서 나부터 실천하자는 생각으로 전교조 조합원 동지 8명과 협동조합을 만들어서 태양광발전소를 세웠다.

지속 가능한 세상을 만들려면 첫째 동일노동 동일임금의 원칙을 지켜야 한다. 같은 일을 하면 같은 임금을 받는 것이 당연하다. 그런데도 학교나 회사 등 무수히 많은 곳에서 차별하고 있다. 이런 차별을 없애면 사다리가 많아진다. 둘째는 사람의 노동 가치를 좀 더 평등하게 만들어야 한다. 소득 격차를 줄여야 한다. 셋째는 노동시간 축소를 통한 직업 나누기Job sharing다. 노동시간을 단축하면 새로운 사다리를 만들 수 있다.

서민태는 이 세 가지가 우리 사회를 품격 있는 사회로 만들어가는 필수 요소라고 생각한단다. 이 과정에서 수많은 종류의 사다리가 만들어질 것이고, 우리 자식과 형제자매가 이 사다리를 타고 오르면서 자신의 가치를 실현할 것이다. 그런 좋은 사다리를 만드는 데 어떻게 도움이 될 것인지 많이 고민했다고 한다.

그는 좋은 사다리는 좋은 시민단체가 많아질수록 그만큼 더 만들 수 있다고 생각한단다. 달마다 울산시민연대, 생명의숲, 환경운동연합, 녹색에너지포럼, 참교육학부모회, 북한어린이국수보내기, 청소년단체 함께, 달팽이, 더불어숲, 행복발전소, 희망제작소, 범서문화마당, 진보신문 울산저널 같은 곳에 후원금을 낸다. 자신이 만들 수 없는 사다리를 만들어 세우는 다른 사람들이 고맙기 때문이라고 했다.

평등한 세상을 향한 새로운 길 찾기

노후를 어떻게 살 것인가에 대해 고민한단다. 창간 때부터 참여한 《울산저널》 대표를 선뜻 맡은 것도 그런 고민에 대한 대답 가운데 하나라고 하였다. 2006년 범서초에 근무할 때 지역 활동으로 범서신문 창립위원으로 활동한 경험도 울산저널 대표를 맡는 데 도움이 되었을 것으로 본다. 지역 신문 운영이 어렵기는 하지만 사람과 사람을 연결하고, 지역 사회를 바꿔 갈 수 있는 중요한 일이다. 울산저널 신문사 사무실에 들러서 역사와 경영 상황을 들으면서 그동안 다양한 지역 활동 경험을 바탕으로 새로운 길을 열어나가는 꿈이 보여서 즐거웠다. 또 스스로 자기 쓰임을 찾아서 물처럼 흘러가는 자연스러운 모습을 보는 것 같아 믿음직했다.

서민태에게는 퇴임 후 노후 활동으로 새로운 길을 만들려는 꿈이 하나 더 있었다. 봉화 갈산초 폐교 터에 구상하는 갈산희망마을이다. 마을 만들기 또한 그가 오랫동안 공들여온 일이다. 굴화두레마을 회장, 모래골 고향마을살리기 추진위원회 공동대표, 박재동 화백 고향 들꽃 만화축제도 시작부터 10회까지 운영위원으로 참여한 경험이 있다. 취재 일정을 의논할 때 멀고 깊은 산골이라고 망설이는 걸 현장 취재를 꼭 해야 한다고 우겨서 가기도 했다. 동해안을 따라 올라가다가 태백산

울산저널 사무실에서

맥을 넘어서 봉화군 제산면 갈산리로 들어갔다.

이 터는 2004년에 노후에 할 일을 부부가 의논하면서 폐교를 찾다가 사들였다고 한다. 장인·장모님이 개성과 함흥에서 월남해서 외롭게 사셨는데, 평소 어려운 사람들을 꾸준히 도와주셨고, 노후에도 그런 삶을 사셨다고 한다. 그런 모습을 보면서 노후에 어려운 사람을 도우면서 살고 싶어서 갈산희망마을을 꿈꾸게 되었다고 한다. 노후에 귀농해서 살고 싶은데 돈이 없는 사람들이 와서 작은 공동체를 꾸릴 수 있도록 준비하고 있다고 한다.

폐교는 아직 손을 못 대고 있다지만 살림집과 텃밭과 연못은 조금 거칠고 투박하면서도 예쁜 손길이 구석구석 닿은 것을 느낄 수 있었다.

1. 갈산희망마을(갈산초 입구) 2. 갈산희망마을 사랑방 앞에서 김민곤 3. 갈산희망마을 숙소 입구

길에서 집으로 올라가는 길 가운데에 기와로 작은 물길을 내고, 양옆으로 작은 꽃들을 심었다. 입구에는 바람 잘 드는 정자를 지었는데, 해방정이라고 붙여 놓았다. 연못을 지나 올라가니 통일루라는 간판이 달린 커다란 누각이 있었다. 통일루에 올라가 내려다보니 한반도 지도 모양으로 판 큰 연못이 있고, 떼배를 만들어 놓았다.

크고 작은 연못 다섯 개를 아기자기하게 만들어 놓았는데, 산물과 개울물과 지하수 세 가지 물을 자유롭게 쓸 수 있도록 고안해 놓았다면서 시범을 보여주었다. 살림집 거실은 신발을 신고 자유롭게 드나들 수 있도록 만들었고, 사랑방이라고 써놓았다. 마을 사람 누구나 자유롭게 드나들기를 바라는 마음으로 만들었다고 한다. 구들은 연기를 잘 막아놓거나 빠질 수 있도록 스스로 고안한 구조로 만들었다고 한다.

1. 갈산희망마을 해방정 2. 갈산희망마을 통일루 3. 갈산희망마을 숙소 외벽 4. 김예영 선생(오른쪽)

　거실과 집 안 구석구석에 작은 그림과 소품, 모네 그림을 활용한 햇빛 가리개, 살림집과 통일루 바깥벽에 그린 그림과 색칠한 창틀, 정원에 둔 색칠한 전등 기둥 등은 미술교육과를 나온 아내 김예영 선생 솜씨라고 한다. 김광철은 기술과 예술의 만남이라고 감탄했고, 김민곤은 모네의 정원이라고 이름 붙였다.

　11일 저녁에 봉화군 내 초등학교에 근무하는 부순홍 선생이 찾아왔다. 부순홍은 서울에서 근무할 때 김광철과 환생교_{환경과생명교육을지키는교}사 모임을 같이 하다가 15년 전에 부부가 봉화군으로 시도 간 교류 신청을 해서 와 있었다. 부순홍이 준비해 온 술과 고기를 안주로 봉화에 와서 겪은 일과 갈산희망마을에 대한 이야기꽃을 피웠다. 우리는 가난한 일반 귀농 희망자들이 공동체 생활을 할 수 있는 터로 가꾸는 것도 좋지만 먼저 퇴직 조합원 중에서 귀농을 희망하지만 여러 상황으로 어려워하는 사람들에게 한두 달 살아보기나 1년 살아보기 같은 기회를 주면 좋겠다고 했다. 현직 교사 중에서도 며칠 쉬어가고 싶은 사람들한테 쉼터로 열어주면 좋겠다고 했다. 누군가는 생태체험 마을을 만들어보는 것도 좋겠다고 하였다. 서민태는 웃으면서 오색 무지개 희망 마을을 그리고 있었다. 마음껏 꿈꾸어 볼 수 있는 즐거운 이야기 자리였다.

12일 아침에 백두대간 수목원에 갔다. 갈산희망마을에서 가까워서 두 곳을 연결해서 교사와 학생들 대상으로 생태체험 학교를 만들어도 좋겠다는 이야기를 나누면서 거닐었다. 김예영이 울산에서 영주로 시외버스를 타고 온다고 해서 우리도 영주에 가서 서울 가는 버스를 타기로 했다. 영주에서 만난 김예영은 생각보다 훨씬 젊었다. 서민태와 부산교대 동기인데 40대 초반처럼 보일 정도였다. 활발해서 더 젊어 보였다. 서민태에 대해 한마디 해달라고 했더니 "무엇이든 한다고 하면 혼자서라도 끝까지 해내는 사람, 그래서 존경하는 사람"이라며 밝게 웃었다. 퇴임 교사 서민태와 김예영이 만들어갈 갈산희망마을은 새롭고 어려운 길이지만 그 길은 더 많은 사람에게 웃음과 행복을 주는 또 하나의 아름다운 무지개 사다리가 되겠다는 생각이 들었다.

조영옥

글_김민곤

열정을 행동으로…… 습관으로!
걱정할 시간에 움직이는 행동파

나는 거의 날마다 조영옥의 일상을 본다. 페이스북은 시공을 뛰어넘는 소통 공간이다. "열정을 행동으로…… 습관으로!" 이 구호는 전교조로 만난 내 오랜 벗님의 '얼숲'에서 보았다. '열정을 행동으로'는 말이 될 법한데 '습관으로!'라니? 학교와 조직 활동에서 발휘한 열정도 시나브로 식어갈 나이가 됐을 법한데 우리의 주인공은 저기 내건 구호처럼 여전히 뜨겁게 산다.

식지 않는 열정으로 사는 조영옥 선생

그는 2003년부터 경북 상주에 살고 있다. 활동 범위는 전국구다. 서울은 이웃 동네처럼 수시로 드나든다. 상주도 조영옥의 기준으로 보면 수도권이다.

7월 24일 필자랑 이주영 선생이 취재차 상주를 방문했다. 옛 사벌국의 도읍지 상주, 해발 50~55m로 평탄한 분지라 일찍이 자전거 이용자가 많았다. 필자는 1980년대 민요연구회를 통해 배운 '상주 모심기 노

국립낙동강생물자원관에서 조영옥선생과 함께(왼쪽) 상주 평화의 소녀상(오른쪽)

래'에서 들은 함창 공갈못_{공검지}, '연밥 따는 처자' '연적 같은 젖'과 함
께 친근해진 도시다. 경주와 더불어 경상도라 불렸으니 큰 고을이었다.
지금은 인구가 10만 명에 미치지 못한다.

　약속한 시각에 상주 시외버스 종점에 도착하니 주인공과 정준모 선
생이 마중나와 있었다. 2박 3일 내내 정 선생이 기사 역할을 해주었
다. 유명한 청국장집에서 점심을 먹었다. 정 선생 말이 사부님 회사에
서 만든 두부가 들어있단다. 두부 이야기가 집안 내력으로 이어졌다. 시
아버지와 남편이 경북 북부 지역에서 규모가 큰 식품 유통업을 하다가
1989년에 파산했다. 바로 전교조 결성으로 조영옥이 해직된 해 아닌가.
화불단행_{禍不單行}이란 말이 떠올랐다.

　"부자가 망해도 3년은 버틴다는 말이 있듯이, 파산한 점포 공간이 그
나마 살아있어서 해직 시절 영주지회가 그 자리에 서점을 열어 경북 전
역 교사들에게 도서 보급 사업을 했지요. 다른 지역에서 많은 서점이
월세 감당을 못해 문을 닫았지만 우리는 끝까지 버틸 수 있었지요."

　우리는 '오동회' 회원의 시골집에서 하룻밤을 보내기로 돼있다. 오동
회는 내서중학교_{이후 내서중}에서 2007년부터 '작은 학교 살리기 운동'을

하다가 임기 만기로 학교를 떠난 교사 다섯 명이 만들었다. 매년 내서 중에 장학금도 기부한다. 이후 오동회는 부부 모임으로 발전해 방학 때마다 여행을 다닌다. 몇 년 전 오키나와 여행도 다녀왔다. 올해 계획한 중국 여행은 코로나-19사태로 취소했다.

이런 대화를 나누며 가는 길에 '킹덤'이라는 드라마에 나오는 'K 좀비' 배경이 상주라는 이야기도 들었다. 국립낙동강생물자원관도 둘러보았다. 4대강 사업 이후 조성된 경천섬 입구에 있다. 조영옥은 박사 100명 정도가 담수 생물을 연구하는 이 기관의 비상임 이사를 맡고 있다. 일반 회사의 사외이사 같은 역할을 한다. 열정 넘치는 조 선생, 공갈못을 비껴갈 턱이 있나. 다음날 김광철과 나는 왕산공원에서 상주 소녀상을 만났다. 그 건립 참여자 명단에 조영옥은 당시 공갈못문화재단 이사장으로 올라있다.

공갈못문화재단(이사장 조영옥)과 공갈못 꿈꾸는 작은 도서관(관장 백상기)은 2016년 12월 26일 도서관과 지역의 문화예술창작 활성화를 위한 업무협약을 체결했다.

교협에서 전교조까지

조영옥은 부산에서 태어나 고등학교 때까지 살았다. 대구에서 대학을 나와 내내 경북에서 교사로 일했다.

"고등학교 때 부산지역 연합 문학 동아리 활동을 열심히 했어요. 국문과에 가서 소설을 쓰려고 했다가 사범대가 뭔지도 모르고 갔지요. 엄마한테 그랬어요. 섬에 가서 교사하겠다고."

만난 지 오래된 사람들을 알고 지낸 기간만큼 잘 안다고 생각하지만 막상 파고들면 아는 것이 별로 없다는 것을 알고 놀라는 경우가 있다. 이번에 내가 그랬다. 조영옥을 알게 된 지 30년이나 됐지만 당연히 국어 교사라고 생각했으니까.

도덕/윤리 교사 조영옥은 1976년 초임으로 울진 죽변중학교에서 2년 근무하고 상주중학교로 왔다. 그리고 화북중학교에서 2016년 2월 정년으로 퇴임했다. 상주와 40년이 넘는 인연이다.

"시를 쓰니까 대개 국어로 봐요. 내가 발령장을 받으러 교육청에 갔을 때 학무과장이 놀려. 이 학교 전기도 안 들어온다고. 진짠 줄 알았지. 그 당시는 여교사가 울진, 영양, 봉화에 발령이 나면 포기하고 대구 시내 사립학교로 가던 시절이었어요."

차에서 우리는 권정생, 이오덕 선생 두 분을 회상하기도 했다. 이오덕 선생 연구로 박사가 된 이주영 선생이 여러 일화를 꺼냈다. 조영옥은 처음에는 이오덕 선생을 탐탁하게 여기지 않았단다. 처음 만났을 때 이오덕 선생이 전교조를 비판하는 말을 했기 때문이다.

"개인적으로 나는 경북지부장 할 때 1994년 월간 《우리교육》 취재 부탁을 받고 권 선생님을 처음 만났어요. 선생님의 명저를 다 읽고나서. 우리 해직 교사 시절에 나온 영화 '닫힌 교문을 열며' 상영 투쟁할 때 안동 성당에서 영화 보고 나온 어떤 나이 드신 부부가 울었어요. 알고 보니 두 분이 전우익, 권정생 선생이었어. 권 선생님을 아주머니로 본 거야. 2007년 5월 17일 도라산역에서 경의선 연결 행사를 하던 날인 데, 그날 돌아가셨지요. 아이들 데리고 부산 수학여행 중이었는데 수학 여행을 취소하고 바로 대구 가톨릭병원으로 갔어."

1987년 9월 전국교사협의회가 출범한 후 경북에도 시·군교협이 결 성됐다. 조영옥이 교사 운동에 참여한 것도 이 무렵이었다. 우리 사회가 민주-반민주 대립 속에 격동하던 1980년대 후반 조영옥은 영주교협에 서부터 전교조 결성까지 내처 달렸다. 1989년 5월 이후 경북에서 102 명의 조합원이 해직됐다.

"그 시절에야 나이순으로 지부장을 맡았는데, 1991년에는 지부장 선 거로 조직 분위기를 좀 띄워보자는 의견들이 모여 김창환 선생님과 나 를 경선에 붙였어요. 시댁은 망했지, 시어머니는 식물인간으로 누워 계 시지, 서점도 운영해야지……. 나는 천성이 '나 잘났소. 날 뽑아주이소.' 이런 것이 정말 싫어요. 그런데 지부에서 출마하라고 해서 했는데 선거 운동을 하다 보니 내 인기가 올라가. 상대 진영이 '네거티브 전술'을 쓰 더라니까."

당시 귀가 시간이 보통 새벽 2, 3시인데 시아버지가 문을 열어주면서 "니 그래가 우찌 사노?" 걱정했다. 실제로 딸 둘 챙겨서 학교 보내고 시 어머니까지 돌보며 활동한 시절이었다. 조영옥은 이런 어려운 생활 조 건을 거의 드러내지 않았다.

결국 지부장 차례는 1993년에 돌아왔다. 1994년 조직의 결정에 따 라 해직 교사들이 각서를 쓰고 복직했다. 그러나 지부장 조영옥은 조직 지킴이로 남아 복직을 5년 뒤로 미루어야 했다.

이번엔 지역운동가로 변신

1998년 9월 조영옥은 영주중학교로 복직했다. 2002년 봉화 춘양중학교에 근무할 때 신영복 선생이 울진에 강연하러 와서 '하방연대'의 중요성을 강조했다. 이 말씀이 가슴에 파고들어 조영옥은 지역 운동에 관심을 두게 되었다. 현재 그가 맡은 직함만 너덧 개나 된다. 위에서 언급한 것 외에도 그는 2011년부터 상주시의회를 감시하는 '지방자치 발전을 위한 상주시민의정참여단' 단원, 월간《상주의 소리》대표, '강과 습지를 사랑하는 상주 사람들' 대표에 전국구로 '생명평화결사' 운영위원장을 맡고 있다.

의정 참여단은 '상주시민 예산학교'를 열어 예산 보는 법과 지자체 감시, 시정 참여 기술도 익혔다. 방청석에 감시단이 들어와 있으면 보수정당 의원들이 절대다수인 의회에서 회의하는 자세가 달라진다고 한다. 의정참여단은 회기마다 방청 후기를 편집하여 일간지에 끼워 시민들에게 알린다. 여기에 드는 비용은 100여 명 참여단 회비로 충당한다.

월간《상주의 소리》편집회의는 매주 목요일에 열린다. 유희순 선생이

《상주의 소리》사무실에서

재능기부로 기자 역할을 한다. 구독자가
많지 않아 종잣돈을 까먹는 중이란다. 기
자 한 명이 상근하고, 그 외는 각자 지역
사회 일을 하면서 편집위원을 하고 있다.
처음 시작할 때 30여 명의 회원이 한 달
에 10만 원씩 15개월을 내면서 광고 없이
신문을 발행했고 지금 3년째다.

목적지에 도착하니 집주인 김정식 선생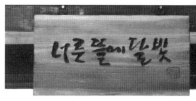
부부가 부산하게 먹을거리를 준비하고 있
었다. 우리는 '너른 뜰에 달빛'이라고 새긴
판각을 건 정자에 앉았다. 처마에 낙숫물

너른 뜰에 달빛 정자

이 얌전히 떨어지고 있었다. 알고 보니 이 집은 예전에 감나무 과수원
을 끼고 조 선생이 사서 잠시 살았던 농가였다. 판각도 당신의 처음이
자 마지막 작품이란다. 새 주인이 차려낸 음식을 들며 이야기를 이어
갔다.

농어촌 학교를 살리는, 작은 학교 살리기 운동

작은 학교는 이들에게 '참삶을 가꾸는 아름다운 학교'다. 상주에서
작은 학교 살리기 운동을 시작하고 성과가 있자 충남 홍성 홍동중학교
에서 성공 사례를 알려 달라고 해서 출장 가서 작은 학교에 대한 설명
회도 열었다. 조영옥은 2003년 노무현 정부가 설치한 교육혁신위원회
위원으로 위촉된 적이 있다. 여기서 농어촌교육분과에 배치되었다. 당
면 과제는 무너져가는 농어촌 학교와 농어촌 교육을 살리기 위한 정부

의 역할을 강구하는 일이었다. 같이 들어간 송대헌 선생전 세종시교육감 비서실장과 실무단을 구성했다. 오랜 동지인 두 사람은 '농어촌 학교 살리기'를 '작은 학교 살리기'로 개념 정리를 했다. 지역이 아니라 학교 규모가 문제라고 본 것이다.

"1999년 당시 학생 수 100명 이하면 통폐합하고 분교는 폐교한다는 것이 교육부의 방침이었지요. 도마다 비상대책위원회가 구성됐는데, 경북은 전교조 경북지부와 농민회가 중심이 되어 싸웠어요."

투쟁 성과가 나왔다. 경북교육청은 "학부모들이 원치 않으면 폐교하지 않겠다."고 약속했다. 작은 시골 학교들이 일단 폐교 위기를 벗어났지만 이 학교들을 누가 살릴 것인가는 별개의 문제였다. 상주에서는 일단 뜻 있는 교사들을 모아 남부초등학교이후 남부초와 백원초등학교이후 백원초를 먼저 살렸다.

2007년 조영옥이 내서중에 부임했다. 전교생이 열일곱 명이었다. 폐교 문제가 나오자 조영옥은 동료 교사들과 협의하여 학교를 살리기로 결의하고 학부모 대상 설문조사를 했다. 학교운영위원회는 만장일치로 폐교를 반대했다. 그해 말 교직원과 학부모 다수가 모여 내서중을 '작고 아름다운 학교'로 거듭나게 할 것을 선언했다. 교사들은 초등처럼 중학교에서도 통합수업이 가능하다고 믿었다. 통합수업의 주제는 1학년 환경, 2학년 통일, 3학년 인권으로 설정했다.

작은 학교에서는 무엇보다 교무회의 의결기구화가 가능했다. 따라서 교사의 책무성이 강화됐다. 학생들도 자체로 전체회의를 통해 학교 교육과정에 참여했다. 조영옥이 교무부장을 맡아 교사들을 평정하고 전입 희망 학생이 수용 한계 이상으로 몰릴 때 과감하게 막았다. 한번은 소통이 잘 안 되는 '꼴통 교장'이 부임해서 이런저런 기준을 제시하며 강요했다. 교사들이 일치단결해 "그럼 교장 선생님이 책임을 지세요." 하고 반발하니 교장이 꼬리를 사렸다.

"작은 학교 살리기가 성과를 거두자 경북교육청은 미래교육지구인 상주시 네 개교_{남부초, 백원초, 내서중, 낙운중}를 미래학교로 지정했어요. 남부초는 경북에서 처음으로 내부형 교장을 임명했고요. 퇴임 후 듣자 하니 지금은 젊은 교사들이 들어가서 더 잘하고 있다고 해요."

"작은 학교 살리기 운동으로 살아난 백원초에 우리 손주 둘이 다녀요. 정말 기분 좋은 일이지요." 할머니를 대단하게 보는 손주들이 선생님들에게 묻는단다. "우리 할머니 아세요?"

걱정할 시간에 움직이는 행동파

1986년 영양 남씨 시댁은 화물차 여섯 대에 종업원 열여섯 명을 둘 정도로 경북 2위의 큰 유통업체를 운영했다. 하루 22kg 밀가루 3만 포를 팔았단다. 조영옥은 수업 시간을 조절해 이 직원들 점심을 챙겼단다. 그러다가 부도가 나서 시아버지가 구속되고 본인은 해직됐다. 풍비박산 환란 중에도 남편은 신념으로 해직을 선택한 아내의 뜻을 존중해주었다. 해직되면서 받은 퇴직금은 회사 하루 결제 금액으로 날아갔다. 두부 공장 남 사장의 회고담이다.

"큰애 고등학교 들어갈 때까지 참고서도 못 사줬고요. 학원도 못 보내고 독서실비만 1년에 50만 원 도와줬지요. 우리 외할아버지가 땟거리도 없으면서도 아들딸 구별 않고 대학에 보낸 것을 보고 여성이 사회 활동하는 것 이해할 수 있었지요."

이 가문은 재산으로 보나 학벌로 보나 영주의 명문가였다. 고모할머니 남자현 여사는 유명한 독립운동가로, 전기가 여러 권 나와 있다. 남편은 의병 투쟁으로 일찍 돌아가시고 46세에 유복자를 데리고 만주 왕청현으로 가서 활동했다. 조영옥은 남씨 핏줄이 아니면서도 남자현 여사의 기백을 가장 많이 물려받았다고 남 사장이 평가한단다. 남아선호 사상이 강한 지역에서 시댁에서 손자를 어찌 바라지 않았겠나 싶었지만 부부는 딸 둘을 제왕절개로 낳고는 과감하게 단산을 결정했다.

교사는 노동자가 아니다. 전교조 교사를 빨갱이라고 비난하는 분위기에서, 비록 망했지만 명문가 출신 자본가 남편과 교육노동자 아내의 관점이 만난 것은 남편이 파산한 뒤 안동 두부 공장 관리 노동자로 취업한 뒤였다. 임금 노동자가 된 남편은 손재주와 눈썰미가 있어서 기술을 빨리 익혀 머지않아 공장을 경영하게 됐다. 30년을 이어온 두부 공장도 7월 말로 생산을 중단했다. 다른 회사에서 만든 제품을 유통만 하기로 했다.

우여곡절로 점철된 살림살이를 하며 조영옥은 두 딸을 키웠다. 작은딸은 미국에 산다. 코로나 사태 이전 그는 손주를 보러 미국에 오랫동안 가 있기도 했다. 큰딸은 상주에서 산다. 사다리 오르기 경쟁 교육 체제 아래에서 보통 교사가 자기 아이들 교육에 '몰빵'하는 세태에 비추어 그 많은 활동을 하면서 아이들을 어떻게 키웠는지 궁금했다.

"내 아이들과 학교에서 만나는 아이들이 다르지 않다. 이중 척도가 존재하는 것이 현실이지만 이율배반이다. 고등학교 때까지 학교 성적을 물어본 적이 없다. 우리 남편도 그랬다. 남편은 짬이 나면 아이들에게 놀러가자고 했다. 애들이 '다음 주 시험이야!' 그러면 '평소 실력으로 하면 안 돼?'라고 대꾸하는 아버지였다. 대학 보낼 때도 성적에 맞춰 배치표 보고 선택했다. 재수 따위 절대로 없다."

윤리/도덕 교사 조영옥은 앞으로 닥칠 일을 걱정하지 않았다고 한다. 미래는 어찌 바뀔지 아무도 모르니까. 영주여고에서 수업할 때 남녀

차별 사회에 대하여 많은 이야기를 나누었다. 대부분 고등학교가 최종 학력이 되는 지방 여학생들에게 삶의 지혜를 일깨워주기 위해 서양철학사, 문화예술 부분을 열성으로 강의했다. 그러면서 자신도 영향을 받지 않았겠나 필자는 짐작할 뿐이다.

"아이들에 대한 사랑은 양이 아니고 질이다. 눈코 뜰 새 없이 바빠도 토요일에는 맛있는 거 해주고 아침 일찍 일어나 밥 잘 차려서 1시간 동안 네 식구가 밥상에 앉아 서로 일상을 이야기하며 하루를 시작했다. 무엇보다 아이들이 좋아하는 음악, 영화를 챙겨주었고 아이들에게 잘 보이기 위해 애썼다. 무슨 잘못이 있을 때 최소한 엄마한테 와서 이야기하고 의논할 수 있도록 아이의 의견이나 결정을 이해하고 인정하려고 노력했다."

집이 풍비박산 났을 때 전교조 경북지부장 조영옥은 딸 둘과 500만 원짜리 단칸방에 산 적이 있다. 그런 모습을 곁에서 지켜보던 정책실장 박무식 선생이 자기 살던 18평 아파트를 선뜻 내주었다. 자기는 원룸으로 이사 가고.

"큰딸 중학교 다닐 때 복직 교사들이 미복직 지부장 고생한다고 아이들 학비를 모아줬어요. 선생님들이 지부장 딸이라고 참고서도 챙겨주시고. 나는 도움 받는 게 너무 싫어서 펄펄 뛰었지. 그러나 이런 깨달음이 문득 같이 왔어요. 없으면 도움을 받고 있으면 도움을 주자!"

그 뒤로 그는 자기 수입의 10% 나눔을 평생 실천할 결심을 한다.

이튿날 우리는 정준모의 차를 타고 내서중에 갔다. 조영옥이 안내하며 설명했다. 학부모 재능기부로 세운 입구 정자, 학생-학부모-교사가 머리를 맞대 설계한 교정, 소나무 숲의 나무 집tree house, 체험활동으로 만든 평상 놀이터…….

"초기에는 학교 예산을 선용해 시설을 개선했어요. 나중에야 외부 지

내서중학교 내부 모습

원을 받았지요. 체험활동비 예산도 지원해주었고요. 학교 앞에 버스가 안 섰는데 학생이 스스로 진정서를 내어 정문 근처에 정류소를 설치해 주었지요. 작은 학교든 혁신학교든 결국 교사들이 해내야 한다고 봐요."

그림 그리는 사람 조영옥

조영옥은 그림을 잘 그린다. 이번에도 사람들이 모일 때를 기다리며 옛집을 스윽 슥 그려 새 주인에게 선물로 주었다. 새 주인은 바로 바람 벽에 갖다 걸었다.

그림 공부를 하고 싶었지만 중1 때 미술반에 못 들어가 좌절했다. 그래서 중2 때 문예반에 들어가 소설을 써보기도 했다. 해직되고 혼자 영주지회 사무실을 지키면서 시를 썼다. 현직 교사들이 저녁에 모이기 전에는 아무것도 할 것이 없었다. 이따금 지회 행사 포스터를 그리기도 했다. 그림 그리기는 퇴직 후 중요한 일상이 된다. 페이스 북에 글을 올릴 때 수채화 한 점이 꼭 따라온다. 그의 작품을 좋아하는 벗님이 많다. 이제 조영옥은 수채화 애호가들의 초청을 받아 그림 이야기도 나눈다.

상주에 다녀온 며칠 후 나는 서울에서 주인공을 또 만났다. 동서울 시외버스 종점 근처 서점을 겸한 문화 공간 '날일달월', 작가 조영옥은 여기 '한 점 미술관'에 초대받아 6월 12일부터 8월 6일까지 '펜 하나로 일상을 그리다'라는 이름으로 작품을 전시했다. 7월 28일 작가와 만나는 모임이 열렸다. 이 행사를 기획하고, 내가 알기로 영어 발음이 최고로 좋은 박경현 선생전 영어 교사, 교육복지사이 우리말로 진행했다. 참가자는 모두 여성. 사회자가 몇 가지 단어로 말문을 열고 들어갔다.

교사—도덕을 가르쳤다. 30년 지기가 얼마 전까지 국어 교사로 알고 있었다.

그림—화가라기보다는 그저 '그림 그리는 사람'이다. 어릴 때부터 그리기를 좋아했다. 중1 때 미술부에 못 들어가서 오랫동안 그리기에 목이 말랐다.

사회운동—모든 사회 변화는 풀뿌리에서 시작한다는 믿음이 있다. 운동 조건이 열악한 경북 상주에서 힘이 닿는 만큼 최선을 다해 움직이고 있다. 오늘도 이 자리에 오기 전에 한진중공업 해고자 김진숙 동지_{민주노총 부산본부 지도위원}의 투쟁 현장을 방문하여 성원했다.

조영옥은 정년퇴임 기념으로 펜화 그림책을 출판해서 주위를 놀라게 했다. 그의 그림은 2017년 4월 녹색연합에서 황경택 작가의 '생태 드로잉' 과정을 다섯 차례 받고 나서 진일보했단다.

"당시 상주에서 서울로 발품을 팔았다. 하루라도 그림을 그리지 않으면 뭔가 못마땅했다. 강사는 참가자들에게 중성펜을 권했다. 연필은 지울 생각을 자꾸 하기 때문에 집중력이 떨어진다. 펜으로 그리면 사물을 보는 눈이 정확해진다. '바로 보고 바로 그리기'가 중요하다. 한 선으로 테두리 그리기부터 해보면 좋다."

즐겨 다루는 소재—사람 움직임, 폐가나 골목길, 우리 동네

인물화는 어렵다. 비례가 틀리면 그 인물이 나오지 않는다. 손주를 그리고 싶지만 딸이 말이 많다. 안 닮았다고. (웃음) 우리는 그의 누드 크로키 습작을 '페북'에서 자주 만날 수 있다.

진지한 분위기 속에 강의가 이어졌다.

"여성들이 남성보다 그림 욕구가 더 큰 듯하다. 무조건 열심히 그리는 것이 중요하다. 나는 채소를 사서 조리하기 전에 먼저 그린다. 못 그린다고 낙담하지 마시라. 고흐도 10년 동안 미친 듯이 그렸다고 한다. 고흐도 남의 작품 모방해서 그리기를 수도 없이 했다.

지갑이나 휴대폰처럼 자기에게 소중한 물건 그리기를 해 보면 전혀 딴 그림을 그리게 된다. 사람들은 그만큼 자세히 보지 않고 산다. 그러니 바로 볼 수 만 있으면 내 주위 모든 것이 그릴 대상이 된다."

그림을 그리고 나면 빈자리에 시를 남긴다. 조영옥은 1990년 펴낸 시집 《해직일기》 이후 《멀어지지 않으면 닿지도 않는다》《꽃의 황홀》《일만칠천 원》을 상재한 관록 있는 시인이다.

황사 심한 날 / 하얀 종이 위에 파란색 글씨를 쓴다 / 마음이 파래지라고 / 파란 바람이 불고 / 유리창도 파랗게 떨리고 / 파란 소리가 / 파란 숨소리로 / 심장에서 발끝까지 / 그래서 / 파란 봄풀로 피어나라고. – 〈봄〉 전문

흰 종이 위에 파란 글씨를 쓰던 그가 인생 후반기에 아예 그림 그리기에 마음을 쓰고 있다. 그리움을 담는 그릇으로는 글보다 그림이 더 낫기 때문인지도 모른다.

> 살 곳을 찾아 점점 위로 올라가던 시절이 있었다 / 지금은 높은 곳이 부의 상징으로 자리 잡았다 / 살림살이 모양과 관계없이 별과 가까운 곳이다 / 하늘에는 해도 달도 있지만 높은 곳에서는 별을 본다 / 별은 소원이기도 하다. - 2019 가을

전방위 활동가, 조영옥

조영옥이 퇴임 후 학교 봉사나 강의를 나가면 교사들이 '시민활동가'로 소개한다. 그의 활동 범위는 상주 지역에 머물지 않는다. 세월호, 촛불, 노동, 인권, 자주 통일, 환경 생태, 생명 평화 운동 등 그의 관심은 전 방위에 뻗어있고 발길은 도처로 향한다. 셋째 토요일마다 열리는 상주 백원장에 나와 앉아 커피를 내리는 그를 만날 수도 있고 옛 일본대사관 앞 수요 집회에서도 볼 수 있다.

'날일달월' 그림 강의 다음날 조영옥은 순천으로 가고 있었다. 생명평화결사 일이다. 지금 아우 박두규 시인에 이어 운영위원장을 맡고 있다.

'생명평화결사'는 2001년 2월 16일에 시작된 '좌우익 희생자와 뭇 생명 해원상생을 위한 범종교계 100일 기도'부터다. 지리산 달궁에서 생명평화와 민족화해의 마음을 담아 지리산 위령제를 지낸 것이 100일 기도가 끝난 그해 5월 26일이었다.

생명평화결사 상징 로고

조영옥은 2005년 결사가 전
국을 순례할 때 광주 정해숙 보
살님 부름을 받고 결합했다. 그
뒤 생명평화학교장, 편집위원장,
부위원장을 두루 맡아 일하다가
지금 중심에 서 있다.

세상은 어지러워도 조영옥은
지금 안정된 인생 후반을 살고
있다. 도법 스님이 말한 중도가 마음을 끌지만 그는 특정 종교를 실천
하지는 않는다. 좌선이나 안거, 명상 대신에 그는 혼자 여행하는 것을
좋아한다. 쿠바와 라오스도 그렇게 다녀왔다. 역병이 물러가면 "천 개의
숨결 / 억겁의 시간으로 담아 / 더 투명할 수 없는 모습으로 / 잠겨 있
는 너 / …… / 환상의 거처"를 다시 찾아 나서기 바란다.

유승룡

글_김광철

의지할 데 없는 아이들의 어버이,
골동품 교사

한평생을 초원 뜻 따라 나눔과 봉사 그 꿈을 향해
나 결코 뒤를 돌아봄 없이 성실하게 살겠네.
남들이 나를 외면하여도. 이웃이 나에게 손해를 줘도
나는 그와 다투지 않고 평화롭게 살겠네.
세상이 나를 바보라 해도 젊은이들이 꼰대라 해도
초원봉사와 진리를 향해 감사하며 살겠네.
현대인들이 틀렸다 해도. 꿈나무들이 안 받아줘도
날 보내주신 뜻을 따라 사랑하며 살겠네.

    10월 14일 김광철, 김민곤, 이주영은 마포구 합정동에 있는 초원봉사회 사무실을 찾았다. 유승룡 초원봉사회 전 회장을 취재하여 '초원' 이야기와 유 선생님이 살아온 이야기를 듣기 위해서다. 유 선생님은 우리를 보더니 너무 반가우신지 각종 자료를 꺼내 보여주며 신명나게 '초원'을 소개해 나가다가 갑자기 위 노랫말이 담긴 노래 한 자락을 진지한 표정으로 불러주셨다. 주변 사람들이 모든 것을 내려놓으라고 할 때의 힘들었던 심정을 노래로 표현한 것이다. 92세라는 연세에도 불구하고 봉사하는 삶은 결코 포기할 수 없다는 비장함이 넘친다.

필자와 비슷한 시기인 1970~1990년대 서울에서 근무한 초등학교 교원이라면 '초원봉사회'를 아는 사람들이 많을 것이다. 90년대 초원봉사회 회원이 서울초등교원의 절반이 넘었기 때문이다. 비록 회원은 아닐지라도 오며가며 들었을 것이다. 당시 교사들이 박봉에도 다달이 회비를 내서 자신이 담임하는 제자나 주변의 가난하고 어려운 제자들을 돕는 모임이라는 것을. 필자도 1980년에 서울문창초에서 같이 근무했던 동료 교사의 권유로 회원이 되어 현재까지 매월 1만원씩 자동 이체를 하고 있다.

92세 평생을 '사람을 사람답게 돕는 자'가 되기 위하여 살아온 참교사의 길

초원봉사회는 유승룡 선생이 1952년 가난한 산골 초등학교로 발령나 근무하면서 동네 사람들과 함께 한 달 10원 모으기로 고향 마을을 가꾸자는 운동에 그 뿌리가 닿아있다. 고향 마을은 큰길에서 마을로 들어오려면 1.5km 정도 되는 고갯길을 넘어야 했다. 길이 좁고 고개가 험해서 차가 오가기 힘들어 지게가 운반 수단으로 이용되었다. 이 길을 넓히고 고개를 정비하여 차가 드나들 수 있게 하는 것이 첫 번째 숙원 사업이었다. 유승룡 선생의 제안으로 동네 청년 4~5명이 의기투합하여 한 달 10원 계를 조직해 운동을 시작하면서 마을 사람들까지 함께하는 운동으로 발전해 나갔다. 초원회다. 초원회의 정신과 했던 일을 보면 '자조, 자립, 협동의 새마을운동을 유 선생한테 배운 것이 아닌가?' 하는 생각이 들 정도였다.

유 선생은 군산사범학교를 나와 이곳 고향 인근의 몇몇 초등학교에서 10여 년간 근무하였다. 그러면서 현재의 사모님을 만나 결혼했다. 장남인 유 선생은 할아버지, 아버지, 동생들 생계를 책임져야 했고, 사모님은 친정어머니와 남동생, 조카들 생계를 돌봐야 하는 형편이었다. 유 선생 부부는 무거운 책임을 안고 전기도 안 들어오는 벽촌마을에 살면서 부부교사로 열심히 살았다. 그러다가 사모님의 친정어머니가 편찮으시고, 조카들을 돌보아야 하는 처지가 되어 사표를 내고 서울로 올라오게 되었다.

본인은 고사했지만 사모님은 주변의 간곡한 권유로 천주교 재단이 운영하는 사립학교인 성신초등학교 교사로 임용되었다. 사모님이 서울 교사로 근무를 하게 되니 유 선생도 고향을 지키고 가꾸자던 약속을 못 지키고 서울교사로 오게 되었다. 그 부채감이 고향에서 하던 초원회를 서울교사들과 함께하는 초원봉사회로 전환해 평생 매진하는 계기가 되었다. 수돗물도 안 들어오는 공덕동 달동네에 살기 시작하면서 미동초, 덕수초, 서강초를 거쳐 고척초, 금화초로 전보를 하면서 서울교사로 살아갔다. 고척초에서는 연구주임, 교무주임을 하면서 많은 교사의 신임을 얻고 그때 만난 교사들이 중심이 되어 유 선생의 '10원 모으기' 운동은 다시 부활, '초원봉사회'라는 이름으로 새롭게 태어난다. 초원회는 한 달 10원을 모아 이웃과 나누었다면, 형편이 나은 서울의 초원봉사회는 하루 100원을 아껴서 어려운 제자와 나누었다.

6학년을 맡은 다섯 명의 교사가 함께 시작한 초원봉사회 운동 취지가 서울 초등 교사들 사이에 알려지면서 많은 교사가 호응하기 시작했다. 회원 교사들이 이 학교, 저 학교로 전근을 가면 그 학교 초원팀장이 되어 회원을 모으고 회비를 걷어서 보내는 방식으로 퍼져 나갔다. 창립한 지 몇 년 안 되어 몇천 명으로 회원이 불어나고, 그렇게 모인 회

비로 회원들이 추천한 어려운 제자와 가족을 지원해주는 장학사업과
이웃돕기 사업을 넓혀갔다. 이런 소식은 매월 발간한 〈초원〉 회보에 '어
느 학교 누가 얼마를 내고, 그 돈은 어떻게 쓰였는지' 기록해 각 학교
로 전달하니 초원에 대한 홍보가 자연스럽게 이루어졌다. 또 해마다 연
말에는 초원회지《길》을 내 1년 동안 회비 수입지출 내역, 장학사업, 장
학생 연수회 내용과 장학생 수기를 실었다. 그런 성실한 보고 활동으로
회원들이 폭발적으로 늘어나 한참 많을 때는 15,000여 명이 회비를 보
내왔다. 서울 시내 초등학교 교원의 절반이 넘는 숫자였다. 교감, 교장,
교육청 장학사와 일반직 직원 사이로도 퍼져나갔다. 점차 중·고등학교
와 지방 교사들의 참여도 늘어났고, 국내 11곳과 중국 연변 1곳에 초
원지회가 생기기도 했다.

초원봉사회가 창립이 되어 10년쯤 되었을 때 회비 수입이 1억 원이

초원 회비 내역과 회보 〈초원〉

넘었다. 이 무렵 처음으로 언론 취재에 응했고, 언론을 통해 국내외에 알려지기 시작했다. '씨알의 소리'의 함석헌 선생에게도 알려지고, 함 선생을 통하여 4·19 교원노조 운동의 중심이었던 강기철 교수를 만나게 되었다. 유 선생은 이분들과 교류하면서 회원으로 모시고 '초원정신'을 한 차원 높였다. 그후 유 선생은 김봉군 교수, 이오덕 선생을 초원 지도위원으로 모셨고, 이주영, 최정인, 고동균, 유관호 같은 열성적인 교사

초원회지《길》

들을 만나 초원이라는 큰 꽃으로 만개하게 되었다.

초원 장학 사업은 국경을 넘어 중국 연변과 몽골, 중앙아시아 동포학생까지 확대되었다. 주로 장학금 지원이었지만 미국 교포들이 주관하던 동북아재단과 연대하여 우리나라나 미국으로 유학하고 싶어 하는 동포 자녀에게 정보와 장학금을 지원하였다. 그 과정에서 연변 동포 학생들이 서울로 유학 올 경우에는 초원사무실 건물 3층에 방을 만들어 서울에서 자리 잡을 때까지 살 수 있도록 돕기도 했다. 또 중국에서 대학 진학을 하고 싶어 하는 초원장학생은 초원회 교사들과 1대 1로 결연을 맺어서 연간 학비와 생활비를 지원하기도 하였다.

'초원장학회'는 단순히 학비나 생계비 등을 지원하는 차원에서 멈추지 않았다. 연말에 일일찻집을 열기도 하고, 지원받는 학생들을 모아 수련회 등을 통하여 그들이 더욱 당당하고 굳건하게 자랄 수 있도록 돕고, 수기를 모아 책자를 발간하는 등 다양한 활동으로 이어갔다.

'초원봉사회'에서 시작한 이 사업을 공식화하고, 투명하고 튼튼하게 운영하기 위해서는 단순한 봉사단체에 머물러서는 안 되고 '장학재단'으로 거듭나야 한다는 운영진들의 뜻에 따라 1994년 서울시 교육청에 '초원장학재단'으로 정식으로 등록하여 지금까지 활동하고 있다.

2006년 이후로 초원봉사회는 해 오던 사업 대부분을 '재단'으로 넘겼다. 뿐만 아니라 유 선생 자신의 재산과 일부 남은 초원의 돈을 합쳐 합정동에 4층 건물을 짓고 '초원장학재단'의 자산으로 넘겼다. '초원장학재단' 사업은 큰따님 유수선 님이 이사장을 맡아 지속하고 있다. 말이 이사장이지 실제로는 무보수 사무원으로 봉사하고 있다. 10억 기금이 있지만 은행 이자가 줄어서 사무직 급여를 줄 수 있는 형편이 안 되기 때문이다. 유 선생은 이렇게 모든 재산을 장학재단에 넘겨 현재는 자신의 집 한 칸도 없이 부부가 장학재단 건물에 전세로 생활하고 있다. 무소유의 삶을 실천하는 것이다. 초원봉사회는 현재 1979년 회원으로 가입해 40년 동안 함께해온 이주영 선생이 맡고 있고, 유승룡 선생이 사무국장을 맡아 기본 사무와 천사1004 회원 모집 활동, 초원장학생으로 사회에 나간 졸업생 추수교육을 하고 있다. 유 선생은 92세 나이에도 지금도 매일 컴퓨터 앞에 앉아 글을 쓰고 회원들에게 메일을 보내는 등 쉼 없이 초원 관련 활동을 하고 있다. 귀에 보청기를 끼었을 뿐 일상생활을 하는데 거의 불편함이 없다고 한다.

이야기를 듣다가 선생님의 건강이 염려되어 "선생님, 이제 좀 쉬었다 하시지요?"했지만 막무가내였다. 그 나이에 그런 의지와 에너지가 어디에서 나오는지 참으로 불가사의한 일이 아닐 수 없다. 제자들과 주변 사람들을 위해 최선의 사랑을 베풀고자 하는 유 선생의 모습에 하느님도 감동하여 그를 그리 요긴하게 쓰고자 함이 아닌가 하는 생각을 해 본다.

초원봉사회 다양한 활동

찢어지게 가난했던 어린 시절,
여러 사람의 도움으로 교사의 길을 걷다

유 선생은 충청남도 보령군 미산면 풍산리 91 찬샘골이란 산골에서 일제 수탈이 한창이던 1931년에 강릉 유씨 6대 종손이자 5남매의 맏이로 태어났다. 가난한 벽촌에서 보리밥도 제대로 배부르게 먹을 수 없는 환경에서 자랐다. 17세 때 어머니마저 세상을 떠나 자신보다 일곱 살이나 어린 둘째 동생부터 두 살짜리 동생까지 네 명에 할아버지와 아버지까지 돌보아야 했다. 눈앞이 캄캄하여 어머니가 돌아가신 다음 날부터 몇 달을 어머니 무덤 앞에서 눈물로 세월을 보냈다. 다행히 작은 어머니와 고모가 틈틈이 도와주셨는데, 계모가 들어왔다. 그런데 계모는 동생들을 구박하고 힘들게 하다가 결국은 집을 나갔다.

유 선생은 신학문에 관심이 없는 유교 집안에서 자랐다. 할아버지는 종손인 유 선생을 학교에 보낼 생각을 안 하고 한문 공부나 하기를 바랐다. 그러던 중 일본에서 인쇄 기술을 배워온 유한종 3종조님 덕분에 열한 살에야 2년제 소학교 과정인 간이학교에 입학하여 학교 문턱을 넘었다. 그 후 집에서 5km나 떨어져 있는 부여군 옥산국민학교에 편입했다. 비가 오면 내를 건너지 못하고 짚신도 제대로 신을 수 없는 어려운 환경 속에서 겨우겨우 초등학교 과정을 마쳤다. 그때 사랑으로 돌봐주신 은사 김순배 선생님에 대한 감사함은 지금도 잊을 수가 없어서 유 선생은 김순배 장학금으로 1천만 원을 초원장학에 기탁하여 지금도 매년 두 명의 어린이를 선정해 김순배 장학금을 지급하고 있다.

아버지는 온순하고 마음이 여린 분이었다. 그렇지만 할아버지는 대찬 분이었다. 어머니가 돌아가시고 난 다음 매일 울기만 하는 손자를 보고, "그렇게 중학교에 가고 싶으면 시험이나 한 번 보라"고 하여 장항

농업중학교에 원서를 내어 옥산국민학교에서는 유일하게 혼자 합격했다. 할아버지께서는 손자 학비를 대기 위하여 산에 가서 약초를 캐서 파는 등 온갖 어려움을 겪으며 살았다. 특히 해방 전후 시기 7년, 가뭄이 들어 모두 살기가 아주 힘들었다. 이때 셋째 아버님인 월광께서 금붙이를 팔아 간신히 2학년 1학기까지는 마칠 수 있었다. 어떻게 해서라도 중학교 과정을 마치려고 하였지만 형편이 어려워서 더 이상 중학교를 다닐 수 없어 그만두었다. 중학교 다닐 때 유 선생은 어려운 삶을 이겨나가기 위해 금전출납부를 쓰기 시작했다. 금전출납부를 쓰면서 돈을 절약하는 습관, 기록하는 습관이 몸에 뱄다. 이런 습관은 그 후 유 선생 삶의 자산이 되고, 초원봉사회로 이어졌다.

중학교 졸업을 못하고 집에서 지게 지며 농사일을 돕는다는 소식을 듣고 군산에 사는 고모부가 그를 군산으로 데려가, 장항에 있는 중학교로 도선 통학을 하게 하면서 중학교를 다니게 해주었다. 중학교를 졸업하고 백방으로 직장을 알아보았지만 직장을 얻을 수 없었다. 당시 중학교를 졸업하면 초등교사가 될 수 있는 강습과가 생겨서 군산사범학교 강습과에 입학했다. 거기서 1년 과정을 수료하고 발령을 기다리다가 군산사범학교 본과로 편입해 군산사범학교를 졸업하고 발령을 기다리는데 6·25가 터졌다. 6·25 때는 임시교사로 근무하여 군에 징집되는 일은 없었다. 그렇지만 유엔군의 폭격과 인민군의 진입 등으로 많은 사람이 눈앞에서 죽고 다쳐나갔다. 이렇게 혼란스럽고 마음의 갈피를 잡지 못하고 있을 때에도 고향의 두견새는 밤마다 슬퍼 울었다. 유승룡 선생은 그때 고향의 가난한 참상을 잊지 말자고 '고향의 두견새'라는 뜻으로 '향견鄕鵑'이라고 호를 지었다. 6·25의 혼란 속에서 유 선생은 1952년 6월 30일 예산군 대술국민학교로 발령을 받아 꿈에 그리던 교사의 길을 걷기 시작하였다.

옳지 않은 꼴을 받아들일 수 없는 대쪽 선생

자유당 정권은 1960년 겨울방학 때부터 학교에서는 전 직원에게 자유당 입당원서를 내게 하고 본격적인 부정선거를 획책했다. 수업이 끝나면 교사에게 기권방지라는 미명 아래 담당 마을로 가서 선거운동을 하게 했다. 학부형들을 면담하여 자유당 지지여부에 따라 ○, △, ×표를 하여 자유당 면당에 보고를 하게 했다. 수업만 끝나면 매일 나가게 해 도저히 교사의 양심으로 이를 받아들일 수 없었다. 하루는 후배 교사와 함께 해당 마을에 가서 이장에게 왔다는 신고만 하고 뒷산으로 올라가 버렸다. 관권선거를 받아들일 수 없었기 때문이다.

투표 전날 학교장은 교사들을 불러 일일이 자유당 이기붕을 찍을 것을 강요하였다.

"내일 투표장에 야당 참관인은 없다. 기표한 것을 자유당 참관인에게 보여라."

유 선생은 이 말을 듣고 교사의 양심이 도저히 허락하지 않아 그날 밤 《사상계》를 같이 구독하고 있는 선배를 찾아가 어떻게 할 것인가 머리를 맞댔다. 야당 성향이라고 주목받는 두 사람은 궁리 끝에 무효표라도 만들자고 하여 민주당 장면과 자유당 이기붕 양쪽에 다 기표를 한 다음 투표용지를 반으로 접어 이기붕을 찍은 것을 자유당 참관인에게 보여주고 투표함에 넣은 후 얼른 그 자리를 빠져 나왔다. 집으로 오는 마을 고갯길에서 앉아서도 들켰을까 봐 두려움으로 두근거리는 가슴을 진정하기 어려웠다고 한다.

3·15 부정 선거는 자유당의 몰락을 자초하여 결국 4·19 혁명을 불러왔다. 어찌나 기뻤는지 모른다. 4·19를 거치면서 유 선생의 인생관은 확고해진다. '1. 교사가 바로서야 사회가 바로 선다. 2. 한 번 교사는 평

생 교사다'라는 신념과 함께 '선비정신'으로 홍익인간을 실천해나가겠다고 결심한다.

서울의 미동초등학교로 전근 와서 3학년 담임을 하는데, 주임교사가 봉투를 내밀었다. 모 출판사에서 자기네 참고서를 팔게 해달라는 청탁성 돈인 것이다. 단호히 거부했다.

당시 서울 교사 사이에는 미동이라든가 덕수 등 소위 좋은 학교에 거주지와 상관없이 자녀들을 입학시키는 것이 추세였다. 주변에서 유 선생에게 현재 근무하는 미동으로 아이들 전학시키라고 부추겼지만 단호히 거부하고 자신이 거주하는 지역의 학교에 아이들을 보냈다.

이런 식으로 옳지 않은 일에는 따르지 않으며 서울에서 교직 생활을 하다가 금화초에 근무할 때는 주임교사를 포기했다. 당시는 교감이 되고 교장이 되기 위해서는 주임교사 점수를 받아야 했다. 유 선생은 당시 박정희 군사독재, 유신정권이 옳지 않다고 생각했다. 그런데 학교장이 정권의 비위나 맞추면서 교사들을 통제하는 것이 너무 싫어 더 이상 교감, 교장의 길에 대한 미련을 버렸다. 그러다 독재정권 아래서 교사가 월급을 받는 것 외에 별다른 의미를 찾을 수 없다는 생각이 들어 50세인 1979년 사표를 내고 나왔다.

교직을 그만 두고 나와서 합판공장을 차려 초원봉사회와 사업가의 길을 병행했다. 정직하게 사업하자 거래처로부터 신임도 받으며 한동안은 사업이 잘 돼서 돈을 많이 벌었다. 그러다 동업자와 주변 사람들의 배신, 사기 등을 당하면서 몇 년 후에는 사업에 대한 미련도 버리고, 회사를 직원 주주 형식으로 바꾸었다. 그렇게 직원들에게 회사 운영을 맡기고 감사직만 유지하면서 오직 초원봉사회 일에만 몰두했다.

내 시절에 전교조가 있었으면 나도 전교조를 했을 거야

이날 유 선생과 대담한 우리교육 기획팀은 4·19 교원노조의 강기철 교수 이야기가 나와 몇 가지 질문을 던졌다.

김민곤　　강기철 교수는 4·19 교원노조의 부위원장이지만 실질적인 지도자였어요. 당시 유 선생님이 근무하시던 충청도에는 교원노조가 없었지요?

유승룡　　그래요. 아마 당시 우리 지역에 교원노조가 있었으면 나도 거기 가입했을 거요. 강교수는 세계적인 석학이에요. 3·15 부정선거가 4·19를 촉발시켰는데, 강교수 같은 분은 3·15 부정선거에 대하여 전체 흐름은 알지만 나처럼 현장에서 세세한 경험은 없어. 강교수는 문명론을 강의하면서 자기는 대근大根이라면 유승룡은 세근細根이라고 했어. 애국나무, 사랑나무의 큰 뿌리는 몇 개만 있어도 되지만 잔뿌리가 많아야 튼튼할 수 있어. 강기철 교수가 큰 뿌리라면 나는 잔뿌리지. 요즘은 풀뿌리라고들 하던데.

김광철　　전교조를 어떻게 생각하세요?

유승룡　　전교조? 교육을 바로 세우기 위하여 반드시 필요해. 내 시절에 전교조가 있었으면 무조건 나도 전교조를 했을 거여. 전교조는 내가 못하는 일을 하니 지지할 수밖에 없어. 그런데 전교조를 했다고 파면시키다니, 정권이 지나치게 대응한 거야. 나는 4·19 교원노조파야. 진리는 금방 가는 거 같아도, 진리는 진실을 통해서만 가. 정의와 진실은 동전의 양면 같아. 떨어질 수는 없어. 정의가 없으면

김광철(왼쪽), 유승룡(오른쪽) 선생

핵이 무너져. 정의가 살아있는 한 진리는 안 없어져. 전교
조는 아직까지도 정의파야.

김광철 전교조 운동은 크게 교육을 바로 세우는 참교육 운동 측
면과 교사들이 노동자로서 인간답게 살아가자는 교사운
동 측면이 있어요. 전교조의 참교육 운동 측면은 초원의
제자 사랑 정신과 맥을 같이 한다고 봅니다.

유승룡 전에 신맹순 선생전교조 초대 인천지부장 재판하는데 갔다
왔어. 내가 충남 오성학교에 근무할 때 그 학교로 처음
발령을 받아서 같이 근무했어. 그 부인은 내 제자여. 알
고 보니 전향서를 안 써서 감방도 갔다 온 거여. 나 같은
사람은 족치면 전향서 쓰고 나오지만 신맹순은 대단해.
지조 지키는 거 정말 어려운 거여.

유 선생을 지탱해 왔던 3차선線 철학과 초원의 길

"나와 동업하던 사람들은 지금 재산이 다 100억 대여. 나는 죽을 쑤었지만 초심을 잃지 않았으니 행복한 거여. 아무리 나쁜 짓을 하는 사람들도 감사하는 마음이 있으면 돼. 어떤 방식으로라도 감사하는 마음만 심어주면 돼. 강기철 교수의 문명론을 보면, 인식의 기초, 보통사람들은 1차적 인식의 기초를 갖고 있고, 신앙적인 사람들은 2차적 인식의 기초라 했어. 내하고는 아무리 생각해도 안 맞아."

그러면서 '인식나무'라는 그림을 보여주신다.

"이게 가훈을 통해서 만들어냈던 '인식나무여' 사람은 기본 인격만 지키면 돼. 인격이 없으면 동물성밖에 안 남잖아. 나중에 보니 1차선 2차선 3차선 하니, 성실하게는 1차선 주행이고, 그보다 높은 남도 함께 하는 것은 2차선, 초원봉사는 3차선 정도는 가야 한다는 정신으로 감사의 가치를 지니자는 거요."

'선' 말씀을 하셔서 초원은 3차원의 선線을 실천한다는 것인가는 의문이 들어 유 선생님께 전화를 드려 확인하였더니 '도로에 그려 놓은 차선'이라고 했다.

유승룡 철학 형성에는 함석헌 선생과 강기철 교수의 영향이 크다. 그분들은 직접 초원봉사회 회원이 되기도 하고, 지도자문 역할도 했다. 유 선생은 그분들의 강연을 듣거나 깊이 교류하면서 자신의 초원 철학을 형성하는 기둥으로 삼았다. 유 선생은 함석헌 선생 전집 20권을 다 읽고 일일이 메모해 놨다고 한다. 남들에게 보여주기도 하려고 그랬단다.

유 선생은 '교사란 무엇인가?'에 대해 '사람을 사람답게 돕는 자'라고 하면서 "사회가 잘못되는 데 대해서 종교 지도자가 으뜸으로 책임져야

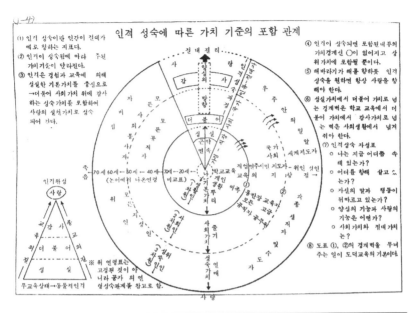

인식나무 그림(위)과 초원철학에 큰 영향을 준《함석헌전집》

하고. 그 다음 교육자가 책임을 져야 해. 그런 교육자의 책임으로 교사 개인이 할 수 없는 것을 나는 공동체의 이름으로 대신하는데, 그게 초원봉사회야. 그래서 '초원의 길 스승의 길'이라는 표어를 자주 쓰는 거야. 사람을 사람답게 돕는 것이 초원봉사회여. 다른 단체와 비교가 안 돼. 이게 3차선이여. 교사들이 자긍심이 있느냐가 중요해. 무엇보다도 사람의 기본 바탕이 중요한 거지."

앞으로 초원운동은 어떻게 될 것인가?

유 선생은 사람이 죽을 때 1000만 원씩 초원에 내는 사람이 1004명이 모인다면 초원장학재단 기금을 104억으로 늘릴 수 있다고 생각하고 있다. 그러면 사무국장에게 한 달 100만 원 정도의 급여도 지급할 수 있어서 장학재단도 안정적으로 운영할 수 있다고 생각한다. 그러면 유 선생이 돌아가셔도 초원은 영원할 것이라고 여기는 것이다. 그것이 유 선생이 마지막으로 추진하는 천사1004 운동이다. 사람이 죽기 전에 무엇인가 뜻있는 일을 하여 자신을 세상에 남기고 가는데 이 천사 운동은 그런 의미들을 모으자는 것이란다. 유 선생은 그렇게 하기 위하여 가까운 친척 장례식 때, 상주들을 설득해서 돌아가신 분의 명의로 부의금을 천사운동에 기부할 것을 부탁하여 승낙받은 적도 있다고 한다. 초원회원 중 퇴직 교원을 포함해 현재 천사운동에 동참한 사람이 100명 가까이 된다고 한다.

유 선생님과 이야기를 나누던 날 오후 2시에는 고동균 전 회장서울 초등 교장 출신과 서울원당초에 근무했던 신문균 선생이 찾아오셔서 초원에 대한 이야기를 더 나누었다. 고동균 선생에게 들어보았다.

김광철   고 교장님은 초원 활동에 대하여 어떻게 생각하세요?

고동균   초원은 스승의 길이고, 자신보다는 이타적인, 사랑하면 다 풀린다는 정신, 나는 그 정신을 초원에서 많이 배웠어요. 나는 초원에서 교사의 길도 찾고, 교사가 지향할 가치관, 이런 것들이 초원하고 많이 맥이 닿아있다고 생각해요. 아흔아홉 마리의 양보다 한 마리의 양을 우리가 찾아가주는 것이 초원정신이에요. 보이는 것보다는 제도권에서 못 품은 아이들을 찾아 사랑을 준다면 그들은 이중 삼중으로 인생을 설계하고 살아가면서 나에게는 초원이라는 든든한 배경, 울타리가 있다는 믿음을 갖게 되죠. 초원을 거쳐간 아이들이 콩나물시루에 물을 주면 막 물이 새는 것처럼 보이지만 양분이 되어서 콩나물이 쑥쑥 자라는 것처럼 초원을 거쳐 간 아이들이 초원의 토양이 될 거예요.

김광철   지금은 회원이 많이 줄었다고 들었는데요.

고동균   각 학교 초원팀장들이 대량 퇴직을 하는 과정에서 관리가 잘 안 돼서 많이 줄었지요.

김광철 옛날보다 열정이 많이 식지 않았어요? 새로운 방식으로 바꿔나가야 하지 않을까요?

고동균 홍보 부족에서 온 것이죠. 그래도 워낙 뿌리가 튼튼하니까 초원운동이 사회운동의 한 분야로 자리잡지 않을까 생각해요. 초원장학재단 이사장님도 초원의 정신에 맞게 사고하고 활동하고 있으니 잘 될 겁니다.

필자는 약 40년 동안 초원봉사회 회원이었기 때문에 다른 사람 못지 않게 유 선생님의 초원 정신과 초원봉사회 길에 대하여 잘 알고 있다고 생각했다. 그런데 유 선생님을 만나고 나서 필자가 알고 있는 것이 전부가 아니었다는 생각이 들었다. 유 선생님이 생각하는 초원의 길이 복지가 많이 확대되어있는 이 시대에도 반드시 필요하다는 생각을 해본다. 사회가, 제도가 끌어안지 못하는 복지 사각지대는 그 어떤 복지 선진국에서도 완전히 해결할 수 없기 때문이다. 특히 사회적 약자인 우리 아이들, 아직도 해외 입양을 하는 나라에서 갖가지 사각지대에 놓여있는 아이들, 사랑을 못 받아 한두 번의 비행으로 소년원에 갈 수밖에 없었던 아이들에게 충분한 사랑을 베풀 수만 있다면 그들이 과연 비행 청

소년이 되어 소년원에 들어가 있겠느냐는 유 선생님 말씀은 내 머리를 세게 한 방 내리친다.

의지할 데 없는 아이들을 품고 사랑을 베푸는 것이 참교사의 길이라는 유 선생님 말씀이 이 글을 쓰는 지금 내 가슴을 울리고 있다. 잘 사는 나라가 되어 국가가, 사회가 어려운 아이들을 다 품는다는 것은 이상으로는 가능할지 모르지만 현실은 아니라는 것을. 그렇기 때문에 누군가는 유 선생님이 해왔던 일을 계속해 나가야 한다고…….

이용관

글_이주영

한빛이 생명을 살려내 노동자와 함께 사는
노동인권 지킴이

촬영장에서 스탭들이 농담 반 진담 반 건네는
'노동 착취'라는 단어가 가슴을 후벼 팠어요.
물론 나도 노동자에 불과하지만,
적어도 그네들 앞에선 노동자를
쥐어짜는 관리자 이상도 이하도 아니니까요.
하루에 20시간 넘는 노동을 부과하고
두세 시간 재운 뒤 다시 현장으로 노동자를 불러내고
우리가 원하는 결과물을 만들기 위해
이미 지쳐있는 노동자들을 독촉하고 등 떠밀고…….
제가 가장 경멸했던 삶이기에 더 이어가긴 어려웠어요.
─고 이한빛 PD 유서 중

이 세상에 태어나 살다가 겪을 수 있는 일 가운데 가장 슬프고, 가장 아프고, 가장 힘들고, 가장 분노할 수밖에 없는 것이 무엇일까? 그건 자식을 먼저 떠나보낸 부모 마음일 것이다. 그 죽음의 까닭이 무엇이든 평생 마음에 품고 살다 죽어서야 온전히 보내줄 수 있는 존재기 때문이다.

중대재해기업처벌법 제정을 촉구하는 단식 투쟁

　이용관·김혜영 부부에게 한빛이라는 이름으로 부르던 아들이 있었
다. 그 아들이 2016년 10월 26일 세상을 떠났다. 서울대학교 정치학과
에 다니면서 자하연잠수함 편집장을 하고, 성수대첩이랜드 노동자들의 소박
한 꿈을 응원하는 사람들에도 참여하고, 사회과학대학과반학생회장연석회의
집행위원장으로도 활동하면서 씩씩하게 뛰어다녔고, 방송문화진흥회
'좋은 방송을 위한 시민의 비평상'도 받았던 한빛이가 2016년 tvN 드
라마 PD로 입사했다. 그런데 불과 1년도 안 되어 방송 촬영 현장 비정
규직, 프리랜서 노동자들 등 떠미는 삶에 대한 글을 남기고 별이 되었다.
　해마다 2400여 명의 노동자가 자본의 속도전에 떠밀려 목숨이 찢겨
나가는 이 땅에서 얼마나 많은 어미아비가 자식 잃은 피 울음을 토해
낼까? 그 목숨을 가슴에 품고 살아가고 있을까? 생각만 해도 아득한

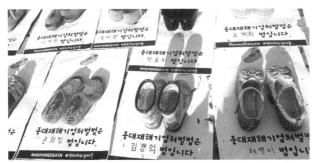

일이다. 그 자식이 지구라는 이 별에 갖고 왔던 빛, 이 별에 살면서 보태고 키워온 빛을 가슴에 품고 키워내는 부모들이 있다. 그게 어찌 잊기보다 더 쉽다고 할 수 있으랴. 자신의 속살부터 불태우는 일인데.

그런 부모 중 한 사람인 이용관이 추운 겨울에 중대재해기업처벌법
<small>중대재해법</small>을 제대로 만들라며 국회에서 단식 농성을 한다는 소식을 들었다. 중대재해법은 산업재해 발생 사업주나 경영책임자를 무조건 처벌하자는 것도 아니다. '안전 조치 의무를 제대로 하지 않은' 경우에만 이를 따져서 처벌하자는 것이다. 너무 당연한 상식 아닌가? 그런데 죽은 자식을 가슴에 품은 김용균 어머니, 이한빛 아버지가 그런 법을 제대로 만들어 달라고 단식을 하고 있어야 하는 세상이다.

2월 26일 서울시 마포구에 있는 한빛미디어노동인권센터로 찾아갔

1. 한빛미디어노동인권센터 입구
2. 한빛미디어노동인권센터의 이용관 선생
3-4. 센터를 둘러보는 편집진
5-7. 벗들이 모아준 한빛의 자료들

다. DMC산학협력연구센터 604호, 휴서울미디어노동자쉼터 간판 안쪽에 '한빛'이라는 글씨가 내다보고 있다. 글씨를 따라 들어가니 깔끔한 카페 느낌이 나는 공간이 있고, 여성 노동자들이 쉴 수 있는 방이 있고, 벽면으로 돌아가면서 한빛이 이야기를 담아놓았다. 대학 벗들이 정성을 모아 만들어놓은 자료라고 했다.

들머리에 놓아둔 자료를 하나씩 챙기면서 〈방송노동환경개선을 위한 한빛미디어노동인권센터를 소개합니다〉 연도별 활동을 읽어보았다. 2017년에 〈혼술남녀〉 신입 조연출 이한빛 피디 사망 사건 대책위원회를 36개 시민사회단체가 구성하고, 2018년 1월 24일 한빛노동인권센터를 창립했다고 한다. '한빛이 2016년 10월 26일 이 별을 떠났다가 많은 노동자 시민들과 부모·형제의 부름에 따라 455일 만에 다시 돌아와 이 자리에 꽃으로 피어났구나. 28번째 생일 촛불을 다시 켰구나.' 하는 생각이 들었다. 그 촛불과 함께 언론노조 방송작가지부도 태어났다고 한다. 〈슬기로운 노동자 생활〉〈예술, 불공정과 이별하기〉〈2020년 서울시민 노동권리 수첩〉〈우리는 나무가 아니라 숲입니다〉 같은 자료들을 살펴보니 2년여 동안에 방송노동자들과 함께 한빛이 뜻을 올바르게 살려내기 위해 애쓴 발자취가 보였다.

이용관은 1956년 7월 11일, 전남 화순군 동면 국동리 363번지에서 농사꾼 이봉규와 손성례의 4남 2녀 중 장남으로 태어났다. 어린 시절에는 동면북국민학교까지 40여 분 거리를 친구들과 걸어 다니며 마음 껏 뛰어놀고 즐겁게 공부했던 행복한 기억만 난다고 했다. 나중에 전교조 활동 중에 경기도에서 교육민주화 운동에 앞장서신 이상선 선생님과 이야기를 주고받다가 초등학교 2학년 때 담임이셨던 것을 알게 되어 깜짝 놀랐다고 한다. 선생님이 집에 와서 아버지와 막걸리도 가끔 하셨다고 하고, 동기 27명 중에서 광주로 중학교에 진학한 아이는 자신을 포함해서 두 명이었고, 화순 읍내 중학교로 진학한 친구가 7명이었으니 졸업생 중 3분의 1밖에 안 되었다.

이용관이 세상에 대한 문제의식을 느낀 것은 중학교를 광주로 진학하면서부터였다. 소 한 마리 키워 팔아서 중학교를 다니던 시절이었는데, 있는 힘을 다해 공부했는데 시험 성적이 다른 친구들을 따라가지 못했다. 나중에 알고 보니 그 아이들은 담임한테 과외를 받고 있었다. 담임이 이용관에게도 과외를 받으라고 했으나 받을 수 없었다. 돈도 없지만 너무나 잘못된 일이라는 생각에 분노했다. 초등학교 때도 담임이 중학교 갈 아이들 과외수업을 했지만 무료였고, 차별이 없었다. 그런데 사사건건 과외를 받는 아이들과 아닌 아이들에 대한 차별이 눈에 보였기에 분노했다. 일기장에 교사 얼굴을 그려놓고 면도칼로 쫙쫙 줄을 그었고, 현상금 500만 원이라고 써놓았다.

고등학교 전기 시험에서 떨어졌다. 후기에는 붙었지만 장학생이 안 돼 재수하기로 했다. 그런데 재수 중에 아버지가 폐결핵 3기 진단을 받으셨다. 1960년대 폐결핵은 죽음의 병이다. 3기라고 하면 마을에서도

꺼리는 상황이었다. 이용관은 재수를 접고 집으로 와서 아버지 병간호에 집중했다. 마을 뒷산 중턱에 있는 폐허가 된 목장 농막으로 모시고 가서 간호하면서 농사를 지었다. 장남으로서 아버지를 살리고 어머니를 돕기 위한 결단이었다.

직접 아버지 엉덩이에 주사를 놓고, 주사기와 주삿바늘을 끓이고 소독했다. 근육주사인데 처음에는 뼈를 건드릴까 봐 걱정되어 손을 발발 떨었지만 곧 익숙하게 놓을 수 있었다. 폐결핵 환자에게 좋다고 소문난 음식을 구해다 드리며 간호했다. 6개월 만에 광주기독병원에서 진료해 보고는 기적처럼 낳았다면서 놀라워했다.

고등학교 시험을 다시 보려고 하니 공부를 쉬어서 응시할 실력이 안 됐다. '아버지는 살렸는데, 내 인생은 어떻게 하지?' 고민하다가 어머니한테 5000원만 구해 달래서 동네 친구 두 명과 서울로 올라왔다. 자동차 부품을 만드는 공장 모집공고를 보고 세 명이 같이 가서 유압 프레스 수습공으로 취직했다. 500톤이나 되는 유압 프레스는 철판을 눌러서 자동차 범퍼를 찍어내는 건데, 아주 천천히 눌러서 찍지 않으면 철판이 갈라져서 못 쓰게 되는, 무척 신경을 곤두세워서 조심조심해야 하는 기술이었다. 그때 대기업이 하청업체를 얼마나 마음대로 부려먹는지,

하청업체들이 노동자들을 어떻게 착취하는지 알게 되었다고 한다.

하청업체는 대기업 주문 분량과 일정에 무조건 맞춰줘야 하고, 무리한 일정에 납품해야 하는 상황이 되면 노동자들은 며칠 밤을 새우면서 일해야 했다. 며칠씩 잠을 못 자고 일하다 보면 얼마나 졸리는지 그렇게 천천히 내려오는 기계 속으로 자기도 모르게 머리를 들이밀다 부딪치는 바람에 깜짝 놀라 깨기도 여러 번이었다. 옆에서 일하던 노동자 손가락이 잘려서 바닥에서 팔딱팔딱 튀는 것을 보면서도 일했는데, 함께 간 친구 손가락까지 잘리는 걸 보았다. 그런 중에 조금이라도 틈이 나면 책을 들고 공부하는 모습을 본 선배 노동자가 "용관아 너는 공장 그만두고 공부해라. 너 같은 사람들이 공부해서 좋은 세상 만들어야지. 네가 진학하면 내가 학비 대 줄게."라며 격려했다. 그래서 다시 고등학교에 가려고 보니, 고교평준화로 주소가 서울이어야만 서울에 있는 고등학교에 갈 수 있었다. 그때까지 주소를 고향에 그대로 두었기 때문에 할 수 없이 광주 조선대학교 부속고등학교 야간으로 갔다. 낮에는 조선대학교 부속 목장에서 일하고, 저녁에는 학교에 가서 공부하고, 새벽에는 젖소 젖을 짜서 교수들에게 배달하는 알바를 하면서 학교에 다녔다.

낮에는 일하고 밤에는 공부하는 한편, 서울로 전학 갈 방법을 찾아보

왔다. 성남에 풍생고등학교가 설립되면서 편입생을 모집한다는 공고를 보고 시험을 보았다. 성적이 좋다고 입학금 면제를 받고, 다음 해에는 장학금을 주겠다고 했다. 마침 여동생도 성남공단에 있는 공장에 취직이 되어서 둘이 자취를 하면서 대학 갈 준비를 했다. 그러나 대학 갈 돈이 없어서 망설이고 있는데 교감이 불렀다. 교사가 되라고 했다. 작가가 되고 싶다고 했더니 교사를 하면서 글도 쓰면 된다고 했다. 교감이 소개한 중앙대 사대 교육학과에 시험을 봐서 합격은 했지만 학비가 없어 포기하고 있었다. 등록 마감하는 날 교감이 불렀다. 행정실장을 불러서 은행에 가서 돈을 찾아 용관이 등록금을 내라고 했다. 나중에 들으니 교무실에서 교사들이 용관이를 대학에 보내자면서 모은 장학금이었다고 한다.

홍사홍 교감. 고려대학 역사과를 졸업하고 보성고등학교에서 30여 년을 가르치다가 풍생고등학교 교감으로 와서 온 마음으로 제자들을 가르친 이용관 생애 가장 존경하는 선생님이라고 했다. 교감이면서도 직접 역사 수업을 맡았는데, 가르치시는 실력도 최고였다고 한다. 교감이 직접 수업을 한다는 건 지금도 흔하지 않은 파격이다. 90명 학생 이름과 가정 형편까지 파악하고 있었고, 한 명 한 명에게 맞춤 교육을 해주신 참된 교육자였다. 제자들이 모두 존경해서 졸업 후에도 학교에 가면 인사드렸다.

대학 1학년 1학기를 마치고 군대에 입대하여 33개월을 꼬박 복무하고 1980년 5월 1일 제대했다. 무슨 일인지 집에서 절대 내려오지 말라고 해서 서울에 있다가 5월 말에야 와도 된다는 연락이 와서 내려갔다. 집에 가서 5·18 학살 진상과 항쟁 이야기를 들었다. 사람들이 피 묻은 차량을 씻어내던 이야기나 차를 타고 가두방송하러 다니던 두견새 이야기를 들려주었다. 분노와 침묵 속에 9월에 복학은 했지만, 학생들이 데모하거나 삐라를 뿌리는 모습을 멀리서 구경만 하고 참여는 못 했다. 주먹 쥐고 눈물을 훔치면서 '나는 어떻게든 교사로 나가서 사회를 올바르게 바꾸겠다'고 속으로 다짐했다. 그래도 1, 2학년 때는 시 창작 동아리와 교육학 연구 동아리를 만들어서 활동했고, 유전과 환경이 교육에 미치는 영향에 대한 논문도 썼다. 교육의 본질적인 측면에서 환경론이 중요하다는 논문이었다.

3. 4학년 때는 순위고사 시험공부에 매달렸다. 졸업하던 해 바로 합격해서 1984년 서울숭인여중으로 첫 발령을 받았다. 당시 중등교사 임용은 국립사범대 졸업생들을 먼저 배치하고 남는 자리만 사립사범대 졸업생 대상으로 임용 순위고사를 봐서 충원하기 때문에 경쟁이 높은 시험이었다. 같은 학교 근무하는 교사 중에 흥사단 교육문화연구회 활동을 하던 후배가 있어서 교육운동에 참여하게 되었다. 1985년 서울 YMCA교사회 회원들과 만나보니 교육과 교사에 대해 평소 생각하던 바와 딱 맞았다.

Y교사회 회보에 윤웅섭 선생이 학교에서 기초학습력이 부족한 아이들을 따로 모아서 무료로 지도한 사례 발표를 읽고 동료 교사들과 의논했다. 담임교사들에게 취지를 설명하고 추천을 받았는데, 42명이 되었다. 21명씩 나눠서 장미반 A와 B로 이름 붙이고, 일주일에 8시간씩 방과 후 지도를 했다. 자원봉사를 신청한 교사 16명이 두 명씩 한 팀이 되어 한 시간씩 맡아서 지도했다. 소풍 갈 때는 자원봉사 교사들이 먹을거리와 버너를 챙겨 가 직접 밥을 해서 아이들과 같이 나누어 먹기도 했다.

방과 후 하루 한 시간씩이라 기초학력이 크게 향상된 것 같지는 않았지만, 아이들 표정이 밝아지고 학교생활이 좋아진 건 확실했다. 쉬는 시간이면 교무실에 와서 봉사하는 교사들과 이야기를 나누기도 했다.

그전에는 그런 아이들한테는 야단이나 맞으러 끌려오던 무서운 교무실이었는데, 기초학력 지도로 만나면서부터는 아이들이 마음대로 드나들수 있는 즐거운 교무실이 된 것이다. 참교육이란 지식교육보다 먼저 아이들이 자존감을 키우도록 만들어주는 것임을 경험으로 깨닫는 계기도 되었다. 처음에는 우려하는 눈으로 보던 교감 교장이 나중에는 교육청에 학교 우수 특색사례로 내세우기도 했다.

그렇게 아이들과 행복한 학교생활을 하던 중 1986년 5월 10일 교육민주화선언에 참여하게 되었다. 그런데 참여자 비공개라는 Y교사회 지침을 공개로 잘못 알고 학교에서 교감이 교육민주화선언에 참여했느냐는 질문에 참여했다고 공개했다. 그날부터 학교에서 1급 감시 대상이되었고, 장미반도 바로 중단되었다. 수업 시간에 교감이 불쑥불쑥 들어와 볼 정도였다. 교감도 그런 감시활동을 교육청에 보고해야 했을 것이다. 동료 교사들이 대책위원회를 만들어서 탄압에 대응해주었기에 외롭지 않았고, 충남 이순덕 교사처럼 심하게 탄압받지는 않았다.

흥사단 교육문화연구회 연수에도 빠지지 않고 참여했다. 연수에 가면 모둠을 만들어서 탈춤, 민요, 사물놀이를 배웠다. 학교에서 반별 에어로빅 춤 경연대회가 있었는데, 탈춤 체조를 만들어서 발표했다. 연극반 동아리를 만들어서 청소년연극제 때 셰익스피어 '한여름 밤의 꿈'을 공연해서 상을 받기도 했다. 그러나 여중생들이라 남자 배역이 어려워서 계속하지는 못했다.

흥사단 교육문화연구회 연수 때 포천에서 온 김혜영 교사와 같은 모둠 활동을 하면서 만났고, 연인으로 발전해서 결혼했다. 김혜영은 충북사대 국어과를 졸업하고 경기도 포천으로 발령을 받아서 근무하던 중에 일간신문에 흥사단 교육문화연구회가 민속놀이연수를 한다는 손바닥만 한 기사를 보고 물어물어 찾아갔다고 한다. 연수 중에 대한교련대한교육연합회 탈퇴 운동에 대한 이야기를 듣고 공감해서 탈퇴했는데, 학교 교원 70여 명 중 혼자였다. 그때부터 감시 대상이 되었다고 한다.

대한교련은 해방 후 독재정권 하수인 노릇을 하면서 교육 문제를 악화시키고 있었다. 교사로 발령받으면 본인 의사를 묻지도 않고 월급에서 회비를 자동 공제했다. 민중교육지 기고자와 교육민주화선언 참가자에 대한 정부 탄압에도 대한교련은 교사들 편이 아니라 정부와 교육청과 교장 편을 들었다. 이에 분노한 교사들이 대한교련 탈퇴 운동을 시작했고, 상당히 많은 교사가 탈퇴했다. 그 충격과 여파로 몇 년 뒤에는 대한교련을 해체하고 한교총한국교원단체총연합회으로 바꾸었다.

김혜영 아버지김병하는 초등학교 교장으로 당시 포천 지역사회에서 젊은 교사들한테 전설처럼 존경받던 분이다. 교장이 직접 망치와 못을 들고 교실을 다니며 망가진 책상, 의자, 문을 고쳤다. 겨울이면 새벽에 일어나 학교 운동장에 물을 서너 번씩 대서 3층 얼음으로 단단하게 얼려서 전교생이 썰매를 탈 수 있게 했다. 교장실을 개방해서 학습부진아를 데려다 가르치고, 결석하는 아이가 있으며 과자를 사 들고 집으로 찾아가 마루에서 가르쳤다고 한다. 교사들이 할 잡무를 도맡아 직접하고, 절대 교사 일에 참견하거나 의욕을 꺾는 말도 안 했다고 한다. 심지어 장학사가 장학지도를 나온다고 하면 다른 학교 교장들은 닭까지 잡아서 점심 대접을 할 때인데 학교에서 점심을 줄 수 없으니 도시락을 싸와서 먹으라고 했다고 한다.

김병하 교장에 대한 이런 전설 같은 이야기는《아이들을 하늘처럼 섬기는 교실》한길사, 1988. 255~258쪽 김종만 교사가 쓴 글에 실려있다. 김종만은 경기도 북부 지역에서 교육민주화운동에 앞장서 전교조를 일궈낸 교사인데, 김병하 교장하고 같이 근무하거나 아는 사이가 아니다. 같이 근무했던 교사, 학부모, 제자들이 한결같이 칭송하는 이야기를 듣고 쓴 것이다. 김병하 교장은 사위 이용관이 전교조 결성에 참여해서 해직될 때도 막지 않으셨다고 한다. 부모가 말리다가 안 되니까 자식 몰래 대신 사퇴 각서에 도장을 찍거나 목을 매서 자살하는 사례까지 있던 시대였다.

김혜영·이용관 부부

1989년은 한국 현대사에서 잊을 수 없는 사건들이 용솟음치던 해였다. 3월 25일 문익환 목사가 방북해서 김일성과 두 차례 만나 7·4공동성명 정신을 되살려 9개 조항 공동성명을 발표하고, 4월 13일 돌아와서 감옥에 갇혔다. 5월 28일은 교육민주화와 참교육을 촉구하면서 전국교직원노동조합을 결성하고 윤영규 위원장을 비롯한 지도부가 구속되거나 수배되었고, 8월 말까지 1600여 교사가 국가 폭력으로 학교에서 쫓겨났다.

이용관은 이 두 가지 사건에 직접 관련되어있었다. 전농여중에 근무했는데 교과 수업으로 북한의 생활을 가르치는 시간이 있었다. 모둠별로 신문에 난 북한 생활 사진과 문익환 방북에 대한 서로 다른 의견으로 쓴 사설을 모아서 서론, 본론, 결론으로 문단 나누기를 하고, 비교해서 발표하도록 했다. 이북 출신 원장이 운영하는 고아원에 다니는 학생이 있었는데, 원장이 이를 캐묻고는 교육청과 학교장한테 고발했다. 가짜 학부모들을 동원해서 학교에 와 항의 농성까지 했다. 이용관이 직접 원장을 만나 수업 목적과 방법을 설명했다. 그랬더니 원장이 유상덕과 김진경이 북한 김일성 사주를 받고 5만 명을 포섭해서 전교조를 만들

전교조 활동(왼쪽)과 교사 시절(오른쪽)

었다면서 선생님도 속지 말고 빠지라고 했다. 그렇다면 정말 큰일 아니냐고 맞장구를 치면서 그런 무시무시한 조직이 만들어지는 게 사실이라면 진짜 큰일이니까 나한테 오지 말고 그런 일을 막으라고 만든 보안사나 국정원에 가서 일 똑바로 하라고 항의하는 게 맞지 않겠냐고 했더니 더 이상 항의하지 못하고 갔다. 그런데 나중에 원장이 자기가 운영하는 가방공장에 고아원 아이들을 데려다 일을 시키고, 그 여학생이 성폭력을 당해서 상담실에 와서 상담했다는 이야기를 들었다. 상담 교사가 물적 증거가 없고 아이한테 증언하게 할 수가 없다고 해서 그냥 지나간 것이 지금도 가장 가슴 아프고 후회되는 일이라고 했다.

전농여중은 서울 동북부지구에서 분회원이 가장 많은 학교에 속했기 때문에 잘 사수해야 했다. 8월 5일까지 명동성당 농성에도 못 가고 분회 사수 투쟁에 전념했다. 8월 5일 분회장 이병인과 이용관 두 명만 해직되고, 다른 분회원은 학교에 남는 것으로 의결할 때까지 한 명도 탈락하지 않았다. 이런 과정을 거쳤기 때문에 해직 사태 뒤에도 서로 마음에 상처도 덜 받았고, 분회가 계속 활발하게 활동할 수 있었다.

1989년 1월 24일 첫아들 한빛이 태어나고, 한국교육연구소도 시작했다. 1980년대 교사운동에 관해 연구한 석사 논문도 써서 석사학위도 받았다. 전교조에서는 연구국장, 정책위원장으로 활동했고, 1994년 도봉중학교로 복직했다. 복직 후에도 주로 전교조 연구와 정책 쪽에서 활동했다. 전교조 정책실과 참교육연구소 활동을 오랫동안 했는데, 돌아보면 아쉬움도 많다고 했다.

가족의 추억

한빛과 한솔이를 데리고 환생교(환경과 생명을 지키는 교사 모임)에도 참여하고, 대학원 박사 과정에도 진학해서 도시 거대학교 문제와 학교 크기가 교육 공동체 형성에 끼치는 영향을 관심을 가지고 연구했다. 거창고와 일본 학교 방문을 통해 360명이 넘어가면 학교가 아니고 조합이나 공장이고, 익명성이 생기기 때문에 교육이 안 된다는 데 동의했다. 1930년대 미국에서도 학교 크기에 대한 논쟁이 있었는데, 학교와 학생 수는 너무 많아도 안 되고 너무 적어도 안 된다는 의견이 도출되었다고 한다.

한국교육연구네트워크와 새로운학교네트워크에 참여하면서 이러한 생각을 정책으로 살려내기 위해 노력했고, 2009년 경기도 교육감 보궐선거 때 김상곤 후보 혁신학교 정책 공약에 반영시켰고, 그 후 서울시

곽노현 교육감 혁신학교 모델 만드는 데도 참여했다.

2016년 아들 한빛의 죽음에 충격을 받아 병원에 입원해 있을 때 박원순 서울시장이 병문안을 왔었다. 방송미디어노동자들 실태를 듣고 충격을 받아 곧바로 한빛의 죽음 이후 방송노동자를 위한 인권센터를 만드는 데 서울시가 도와주기로 했다. 이에 힘입어 가족회의를 통해 한빛과 관련해서 생기는 위로금을 공익에 맞게 쓰기로 하고, 이를 위해 사단법인 한빛미디어노동인권센터를 만들게 되었다.

전태일 열사는 재단사였다. 재단사는 사장 다음으로 현장을 운영하는 힘을 갖는 정규직이다. 재봉사는 물론 시다보조들한테는 막강한 권력자였다. 그러나 15세 전후 어린이청소년들이 착취당하는 모습을 보고 견딜 수 없었다. 최소한 근로기준법이라도 지키는 환경을 만들고 싶어 갖가지 길을 찾다 절망해서 끝내 불꽃 같은 목숨을 태웠다. 이한빛도 드라마를 찍는 현장 PD로 비정규직들을 관리하는 정규직이다. 그런데 자신이 결국 노동자들을 착취하는 앞잡이에서 벗어날 수 없음에 절망해서 풀빛 같은 목숨을 내려놓았다.

취재를 마치고 돌아와 센터 영상 자료를 살펴보았다. 방송 촬영 현장을 찾아다니면서 노동자들에게 커피 한 잔 나누면서 이야기 들어주는 모습에 전태일이 버스비 아껴서 어린 노동자들한테 풀빵 한 개씩 나누면서 격려하는 장면이 연상되었다. 또 어린이청소년 대중문화예술인의 건강권, 학습권, 재산권, 인권실태를 조사하고 연구해서 이를 보장하기 위한 〈대중문화예술산업발전법〉 개정을 이루고. 한 걸음씩 결실을 만들어내는 걸 보면서 둘이 걷는 길이 참 많이 닮았다는 생각이 들었다. 그런 이한빛 생명을 살려내 노동자들에게 나눠주면서 사는 길을 선택한 이용관·김혜영 퇴직 교사가 걸어가는 걸음걸음마다 풀꽃이 피어나기를 빈다.

박경이
이인호

글_김민곤

청소년의 꿈을 연극으로 키워준
부부 교사

취재 전날 얼숲에 윤세병 선생이 올린 신문 조각 하나를 보았다. 1980년 공주사대 졸업생 교사 발령 상황. 국어과에 낯익은 이름이 여럿 보인다. 조재도, 김창태, 이은택, 박경이, 이인호, 공근식, 최교진. 이들은 누구인가? 1980년대 초 젊은 교사들이 시작한 교육민주화운동에서 충남지역 운동의 중심에 등장하는 이름이다. 우리 주인공 두 분은 사이좋게 붙어 있다. 다분히 극적인 이야기를 기대하며 4월 20일 기획위원 3인은 신도림역에서 만나 천안 가는 전철을 탔다.

이인호 선생을 천안중앙고 옆 '다다일식'에서 만났다. 생선구이 점심을 시켜놓고 어제 본 기사로 말문을 열었다.

– 그 사람들이 다 졸업 동기여?

내 인생 동지들이다. 얼마 전에 낭독극 〈빵 쏘아올린 작은 공〉 공연을 했다. 40년 함께 뒹굴며 살아온 이야기다. 나랑 김창태가 대본을 쓰고. 작년 퇴임 후 세 번째 올린 거다. 두 번은 이은택 시 〈이인삼각〉과 조재도 소설 《이빨자국》을 각색했다.

– 충남 학생 연극 축제에서 좋은 인상을 받았다.

우리 협의회가 함께해 왔다. 작년 제22회 축제에는 코로나 상황인데도 12개 시·군 62개교가 작품 65편을 들고 참가했다. 54%가 창작극이다. 작년 제2회 영화제에 초중고에서 작품 46편을 발표했다. 교육청이 2017년부터 학생 인성교육 차원에서 학교 문화 활동 예산을 대폭 지원하고 있다. 2020년도에 92개교, 2021년도에 101개교가 신청했다. 연 3회 연극 지도교사 연수를 한다. 교육청과 우리 협의회의 관계가 돈독하다.

이인호는 전국교사연극협의회 회장을 역임했다. 협의회는 '연극으로 푸르게 자라날 청소년들을 응원하기'를 지향한다. 전국의 14개 지역 모임 교사들과 연대하여 교육연극 씨앗을 현장에 뿌리고 있다.

– 연극은 언제부터 했나?

대학 때 박경이는 연극동아리 '황토' 단원이었다. 나는 국어과 연극에 참여했다. 당시 공주사대 학생들이 이인면 상록학원에서 중학교 과정 강학을 했다. 우리가 직접 벽돌을 찍어 교실을 증축하여 1982년까지 했다. 내가 교장도 맡았다. 밤늦게 수업이 끝나면 집이 먼 스무 살 넘은 여학생들을 데려다줬다. 왕복 2시간 넘게 걸렸다. 참 많은 이야기를 나누었다. 한번은 수업에 들어온 학생이 얼굴이 시뻘게. '이 자식 술 처먹었나?' 기분이 팍 상했는데 다른 친구가 슬며시 '저 친구 하우스에서 사흘 동안 오이 땄슈.' 그래. 내 얼굴이 화끈했지.

– 교사 경험을 일찍 했네.

그해 20명 졸업 공연으로 유치진 작 〈토막〉을 올렸다. 전원에게 역할을 주는 것이 원칙이라. 그런데 그중 한 명이 혀도 짧고 더듬거려. 청소도 잘하고 수선 솜씨도 좋은데 말 때문에 배역을 주나 마나 고민했지. 그런데 얘가 경선 역을 잘 해냈다. 공연은 눈물바다로 끝나고, 냇둑에서 담배를 피우는데 춘수가 와서 소주 한 병에 새우깡을 내놓고는 고맙슈! 인사도 못 하고 도망을 가네. 지금 카센터 사장인데, 당시 학생들과 지금도 연락하고 지내고 있슈.

연극은 이인호 교직 생활에서 핵심 영역이었다. 연극은 굿판처럼 상처를 치유하는 힘이 있다. 이인호 자신도 그런 경험을 몇 번이나 했다.

1980년 봄 학원자율화추진운동에 동참한 그는 5월 17일 친구와 피신했다. 광주민중항쟁이 일어난 줄도 모르고 친척 집에 한참을 숨어 지내다가 자진 출두하여 보안대에서 많이 맞고 군기삼청교육대에 끌려갔다. 빡빡머리를 한 채로 교생실습 끄트머리에 풀려나 수업 배정도 못 받았다. 대인기피증에 설사, 가위눌림에 시달렸다. 연극반 졸업 공연으로 올린 〈그레이구락부 전말기〉에 참가한 뒤에야 몸과 마음이 편안해졌다.

군 복무 말에 보안사에서 당한 국가폭력, 이른바 녹화사업 후유증은 이인호가 제대하고 복직한 서산 부석고까지 이어졌다. 작년에 후배와 가진 대담에서 당시를 이렇게 회상한다.

"주눅 들고 겁에 질렸던 나를 다독이지도 못한 채 아이들을 만나야 했다. 아이들과 잘 어울리던 내가 없었다. 그해 말 학교 축제에도 역시 유치진 작 〈토막〉을 올렸는데 공연 중에 명서 처를 맡았던 경자는 대성통곡을 했고 구경 오신 학부모님 몇 분도 같이 우셨다. 나도 아이들과 막 뒤에서 부둥켜안고 울면서 내 안 응어리 풀림을 느꼈다. 다음 해 나는 아이들과 행복하게 살았다. 대학 2학년 때, 〈에쿠우스〉의 알런 역을 맡아 말을 달리며 10여 분 외치는 대사 뒤에 스스로 눈을 찌르고 무대 구석에 담요를 뒤집어쓰고 있을 때 쏟아지던 눈물. 이런 걸 카타르시스라고 하나? 그 뒤로 연극은 내가 망가지고 뒤틀릴 때 그날의 눈물처럼 나를 정화하고 치유했다."

밥을 먹고 식당을 나서는데 다다일식 사장님이 끼어든다.

"이 선생님은 학생들하고 소통을 참 잘해요. 우리 집에 와서 밥을 먹으면서 제자들 이야기를 다 들어 줘요. 뭘 내세워 가르치지 않고 '이렇게 하는 것이 좋지 않을까?' '아무리 내가 설명해도 니가 느껴야지!' 그래요. 요즈음 선생님들 권위가 떨어졌다고 해도 어떻게 하느냐에 따라 다르구나 생각했지요. 선생님은 학생들에게 주로 책을 많이 주셨어요. 퇴임하는 날도 우리 집에서 식사하는데 학생들이 엄청 많이 찾아와서 인사하고, 꽃도 드리고 그랬어요."

두 분은 10년 전에 천안 아파트를 팔고 광덕산 자락으로 귀촌을 했다. 깔끔해 보이는 작은 마을 끄트머리다. 대문 없는 집에 들어서는데 삽살개 '(메를로)퐁티'랑 진돗개 '소리'가 소리 없이 꼬리를 흔든다. 옆에

광덕산 자락에 있는
박경이와 이인호의 집

별채에 있는 이인호의 공간과 본채에 있는 박경이의 공간

박태기 붉은 꽃이 화사하다. 집주인 박경이가 환한 미소로 낯선 이들을 '환대'한다. 내가 30년 넘게 이름만 듣던 박경이 선생이다. 명퇴한 '박경이 퇴직금+빚' 해서 산 1층 집 옥상에 목조 2층을 올렸다. 요즈음 부동산 난리를 보면 계산 머리 없는 짓이었다며 웃는다.

우리는 먼저 마당과 뒤란을 둘러본다. 생울타리가 있고 손바닥만 한 남새밭에는 쌈 채소며 부추가 자라고 있다. 별채로 내려가는 기슭에는 딸기를 심었고 오른쪽에는 작은 연못이 있다. 농막으로 앉힌 작은 별채는 이인호 생활 공간이다. 두 딸이 집에 오더라도 넉넉할, 야트막한 산자락이 뒤를 감싼 아늑한 살림 공간이다.

안내를 받아 본채 안으로 들어간다. 박경이 생활 공간이다. 집 보러 온 사람처럼 여기저기 기웃거렸다. 책이 벽을 채우고 있고 자화상과 직접 그린 작품들이 보인다. 어릴 때 꿈이 그림이라 미대를 가고 싶었단다. 소리꾼창우도 꿈이었다.

"7남매 막내로 부산에서 태어나 인천에서 보통교육을 받고 대학은 충남. 아버지 일찍 여의고 살림이 기울었는데 둘째 오빠가 '속옷을 팔아서라도 유학 보내 줄 테니 공부해라!' 했다. 중학교 때는 잘 나갔는데 집과 학교를 속이고 영화나 보고 돌아다니다가 인천 일류 인일여고에서 600명 중 등수가 끝이 훨씬 가까워 깜짝 놀랐다. 아이고! 일류대에 다니는 막내 오빠

한테 한 번 추달을 받은 뒤에 영화를 끊고 공부를 시작했다. 간신히 합격했지 싶어요."

이인호는 초·중 시절 선생님들의 사랑을 듬뿍 받았다. 특히 중학교 담임 선생님이 '내 글 쓰는 재능을 알아주는 사건'이 있어서 교직에 끌렸다.

"내가 토끼 눈을 유심히 보고 두 쪽이나 되는 긴 글을 썼더니 '글을 참 잘 쓰는구나.' 하시는 거야. 내가 학생의 소리함에 써넣은 글을 보고 칭찬도 해 주셨어. 선생님이 당신 퇴임사에 내 편지글을 그대로 인용하시어 깜짝 놀란 적도 있다."

박경이가 커피를 내왔다. 커피! 2010년 쉰셋에 명퇴를 고심할 때 경력 20년을 채우지 못한 박경이는 '연금이 없어 이제 커피를 맘대로 못 마시는구나' 하고 걱정했다. 해직 전 복무기간을 합산하면 연금을 받을

수 있다는 복음을 듣고 환호작약했다. 커피를 마실 수 있다고!

과 동기로 만난 두 사람 인생행로는 다분히 극적이다.

"금강 백사장 신입생 환영회에서 '하늘이 내게로 온다'를 열창하던 여학생에게 시선이 꽂혔다. 극단 '황토' 정기공연 〈만선〉 출연 뒤에 외로움과 헛헛함에 시달리던 경이와 오랜 시간 많은 이야기를 나누며 친해졌다. 학교 신문에 실린 내 시를 칭찬해 주었고…… 철필로 긁어 유인물도 같이 만든 동지였다."

27개월 군 복무 중 박경이는 날마다 이인호에게 편지를 보냈다. 떼어쓰기가 없는 편지로. 스스럼없이 인호 집에 가서 부모님들과 한 식구처럼 농사도 거들었다. 애끓는 사랑 고백? 그런 것도 없이 만난 지 9년 만인 1985년 11월 3일 학생의 날 혼례를 올렸다.

교사 수난극이 시작되다

1985년은 교사운동 역사에서 의미 있는 해다. 80년대 초 젊은 교사들의 참교육 실천 활동이 여러 지역에서 조금씩 나타나고 있을 때 5공 정권 교육 관료들은 이들의 활동을 '학생 의식화 교육'으로 간주하고 탄압했다. 당시 정권이 교사들을 상대로 조작한 사건이 연이어 터져 사회에 공포를 확산하고 교단을 긴장케 했다. 결정타가 1985년 여름에 터진 '민중교육 사건'이었다. 서울과 충남에서 교사 20여 명이 구속 해직됐다.

충남 지역은 1984년 일어난 대천여고 교사 최교진현 세종시 교육감 강제 사직 사건이 희비극의 발단이다. 그해 제대하여 서산 부석고로 발령난 이인호와 예산여고 박경이는 극의 전개 단계에서 발생한 '이웃끼리 사건'에 처음 등장한다.

"한국글쓰기교육연구회 활동을 하면서 학급신문을 만들고 친한 동기들과 교환해 보았다. 교실 뒤에 걸어놓고 학생들도 즐겼다. 연말에 학생 글을 추려 모아 필사해서 공주농고에서 등사해 책자로 묶었다. 80쪽짜리 글 모음집에 붙인 이름이 《이웃끼리》였다. 재단을 맡긴 인쇄소 주인이 경찰에 신고하면서 사건이 됐다."

도교위와 경찰은 교사들이 고교생연합조직을 만들려고 했다면서 사건을 키웠다. 책자는 압수되고 교사들을 이듬해 벽지 중학교로 뿔뿔이 흩어 버린다. 교통 불편하던 시절 서로 만나기 어렵게 한 조치였다.

한편 85년 11월 3일, 일요일 이들의 혼례식은 한 판 소극으로 전개되었다. 경찰은 조재도가 쓴 축시가 담긴 청첩장을 검열해 보고는 운동권 집회용 위장결혼으로 오판하여 부모님과 신랑에게 집요하게 확인했다. 교감은 반장을 불러 학생들을 담임 결혼식에 못 가게 했다. 신랑 고향 집에서 열린 전통혼례 마당은 담당 형사와 장학관들이 진을 친 가운데 풍물패를 앞세워 잔치 분위기로 넘실댔다. 압력을 받은 주례가 못 와서 해직 교사 최교진이 대신했다. 신부 학교 여고생들은 탄압을 뚫고 여럿이 하객으로 왔다. 학생부 선생들이 명단을 적어갔다. 이튿날 이 학생들은 교무실로 불려가 뺨을 맞았다. 부당하다고 따졌던 학생은 한 대 더 맞았다.

이야기를 듣고 있던 기획자 이주영이 말했다.

"이런 망나니짓은 일제 강점기에도 없었어!"

박경이 이인호는 부당전출로 쫓겨 간 학교에서 순박한 학생들과 모둠일기도 쓰고 함께 도시락 먹고 노래하고 연극도 하며 '아이들과 연애하는 듯한 날들'을 보낸다. 이듬해 5월 10일 교육민주화선언 사건이 터져 우리 사회와 교단에 작지 않은 충격을 주었다. 열기를 이어 충남은 홍성Y교협을 중심으로 6월 14일 천안 오룡동 성당에서 80여 교사가 모여 '충청교육민주화선언'을 발표했다. 이인호가 이우경, 공근식과 대표로 이름을 밝혔다. 선언에 박경이를 포함하여 64명이 서명했다. 문제교사들 명단을 작성하여 감시하던 도교위는 징계 위협을 하며 Y교협과 글쓰기회 탈퇴를 강요했다. 박경이와 함께한 독서를 통해 참된 교사로 존재 변화를 겪었다고 고백한 이순덕은 가혹한 탄압 속에 원칙대로 저항하며 싸우다가 해임되고 급기야 몹쓸 병을 얻어 1987년 1월 3일 숨졌다.

불행 중 다행이라 할까? 두 분에게 '당진 시기'가 열렸으니까.

"당국이 가한 혹독한 탄압에도 우리는 굴하지 않았지만 박 선생은 첫째 마루를 가진 몸으로 당진에서 교육청까지 불려 다니느라 고생이 많았어. 우리 마루가 불안에 떤 엄마 뱃속에서 힘들었을 거여."

선언 대표로 이름을 공개한 후 고립됐다. 동료가 이인호와 이야기하면 교장실에 불려갔다. 이때 정의구현사제단 연락을 받은 당진성당 신부가 교무실로 전화해서 위로 격려해 주었다. 지역 가농 회원들이 적극적으로 성원해 주어 농민회와 형제처럼 지냈다. 부부는 87년 6월 항쟁과 전교협 시절을 거쳐 1989년 전교조 결성 투쟁에 적극적으로 참여했다. 수난극은 몇 년 더 이어졌다.

"전교조 결성과 사수 투쟁 시기에 첫째 딸 마루가 네 살, 둘째 두루가 두 살이었다. 부모님이 우리 집으로 합쳐 여섯 식구가 같이 살았다. 나는 잘리더라도 아내는 빠져야 한다는 생각 한 번도 안 했다. 부모님이 구석에서 울음 참으시는 모습을 봤다. 우리는 같은 날 해임 통보를 받아 부부 해직 교사가 됐다."

박경이는 명퇴 후 철학과 정신분석을 공부한 뒤에 당시 자신의 결단을 이렇게 해석한다.

"미친 국가의 협박에 굴하지 않고 감행해 버린 해직 결단은 '원초적 삶의 에너지가 밀어붙이는 대로 가는 것, 윤리적 어쩌고 따질 것 없이 죽음 충동의 고집이 밀어붙이는 생의 일시 중단'이고, '나를 뒤집어엎고 탈탈 털어 다시 시작하고 싶은 내가 나도 모르게 결정한 내 과거와의 폭력적 단절'이었다."

그럼에도 엄마는 두 딸에게 아직도 미안한 마음을 지니고 산다. 수두 걸린 두 아이를 병원에도 데려가지 못한 해직 시절 응어리가 아이들 몸에 흉터로 남아 있다. 어린 두루 눈에 우리 엄마는 다른 애들 엄마들과 다르게 보였다.

조직 활동으로 바쁜 아빠가 집에 없는 어느 날 모녀 셋이 밥을 먹는 장면이다.

가족과 함께

마루	엄마, 아빠 오늘도 신문지 덮고 자?
	(마루는 네 살 때 명동성당 단식농성장에서 신문지 덮고 누운 아빠를 본 적이 있다.)
두루	엄마, 나는 엄마랑 아빠가 참교육을 그만뒀으면 좋겠어.
엄마	왜?
두루	경찰에 잡혀갈까 봐 그래.
마루	엄마랑 아빠랑 결혼하기를 잘했어.
엄마	왜?

마루 엄마는 우리를 잘 타일러 주지. 속상해도 또 다음날 타일러 주잖아? 아빠는 풍선 배구도 해 주지. 시간 나면 놀아 주고…….

난중일기를 발견하다

옛날이야기(?)가 차츰 열기가 올라 커피 식는 줄도 몰랐다. 박경이가 낡은 교무 수첩 하나를 가져와 보여 준다. 깨알 같은 글씨로 적어 내려간 1990년도 당진지회 총무 일지였다. 몇 군데 들춰 보니, 아니, 이건 난중일기다! 난중일기. 국가폭력으로 '목이 잘린' 해직 교사가 전교조 당진지회 살림을 꾸리며 사람들 모임, 물자의 이동 상황을 빼곡히 기록한 소중한 역사였다.

이 귀한 걸 버리지 않고 보관하고 있었네! 이건 몽땅 디지털 자료로 떠서 책으로 묶고 보관해야 한다.

"참 별 걸 다 적어 놓았네. 참사단 물품 판매 기록, 송금 기록, 후원회비 기록도 있고. 당시 많은 분이 후원금을 모아 주셨지요. 우리 두 사람은 부부 해직에 부모님 모시고 있다고 특A급 52만 원 받았나? 고맙지. 정말 고마웠지. 이분들 우리가 모셔서 보은 잔치를 한판 벌여야겠어."

해직 시절 어느 일요일, 미사 끝나고 나오는데 신부님이 우리 부부를 부르신다.

"잠깐 사제관에 들렀다 가세요." "이거 제가 선물 받은 건데요. 저는 신발 두 켤레가 아직 멀쩡해서 쓸 일이 없습니다." 봉투를 하나 내밀며 하는 말씀이었다. "새 신발 사 신고 두 분 열심히 일하셔야지요."

남편이 봉투를 받았지. 순간 내 심장을 찌른 말은 이거다. 거지. 나는 '거지'란 단어를 내 심장에 넣어 본 경험이 있다고 말할 수 있는 셈이다. 선물이란 말이 어울리는 상황이 아님을 무의식은 아는 거야. 내 생은 가장 정확한 단어를 고른 거지.[1]

10만 원짜리 운동화 상품권을 받은 일을 추억한 박경이는 '기뻐 선물하고 잊을 줄 알며 잘 받을 줄도 알게 되었'다. 이런 기억도 있다. 복직 직전 지회 모임에 쓸 다과 준비하러 천안 중앙시장에 나가 크고 탐스러운 천도복숭아를 보고 값을 물었는데 한 개 600원! 침이 넘어갔지만 '복직하면 두 알 사 먹어야지' 결심했던 박경이. 복직한 그해 여름 일기에 '천도복숭아 600원짜리 두 알 샀다'고 기록했다.[2]

박경이는 틈만 나면 갖은 구실을 붙여서 밥과 고기를 사 주거나 이런저런 지원으로 여섯 식구 생계를 가능하게 한 지역 어른들과 시민들, 선생님들과 가족들을 통해 '사람이 곧 하늘'임을 배웠다고 적었다.

두 딸이 어른이 된 뒤에 엄마는 해직 선택에 대하여 이렇게 해명했다.

"개인적으로는 불필요해 보이는 고통을 선택하였으니 병리적 결정이라 할 수도 있지만 사회를 함께 만들어 가는 구성원의 자리에서는 누군가 선택할 필요가 있는 병리니까 아름답지 않느냐. 우리의 삶은 항상

1. 박경이, 《엄마 꽃밭은 내가 가꿀게요》, 169쪽, 어른의시간, 2017.
2. 앞의 책 171쪽.

그런 부분을 포함하고 있다. 어떤 측면에서 우리 모두는 서로 모두거나 누군가를 위해 자신을 희생하는 부분을 가지고 있는 게 아닐까? 원해서거나 강요당해서거나, 알거나 모르거나."[3]

해직 기간이 5년에 가까워지자 퇴직금도 바닥이 나서 어려움이 컸지만 그것보다 학생들을 볼 수 없는 것이 점점 견디기 힘들었다. 전교조와 정부의 협상에 따라 1994년 3월 이인호는 만리포고로, 박경이는 태안 서남중으로 복직했다. 신규 특별채용 형식이었다.

그리워하던 교단에 다시 선 두 사람은 참교육 실천가로 학생들에게 열정을 쏟았다.

박경이는 모둠 수업 선구자를 자임한다. 토론 수업을 많이 했다. 교과서 지문 밖에서 구한 다양한 자료-만화, 애니메이션, 노래 등을 활용한 수업 사례는 전국국어교사모임 회지에 여러 차례 실렸다. 1정 연수와 학교 예술 강사 연수를 포함하여 많은 곳에 초청받아 강의했다. 천안여중에서 동료 교사들과 뜻을 맞추어 36학급 전체가 연극대회를 하고 학급문집을 내기도 했다. '학생 글 모음집 이웃끼리 사건'으로 탄압받은 교사가 월간 《우리교육》 학급문집 공모전에서 두 번이나 상을 받았으니 세상이 좀 변한 건가?

만화광이었던 박경이는 어릴 때부터 친했던 만화를 학교로 데려가서 공부 교재로 삼으면 좋겠다고 생각했다. 집에 1000권이 넘는 만화책을 갖고 있어 두 딸과 재미있게 읽었다. 좋은 만화를 읽으면서 아이들이 생각하는 힘과 함께 재미와 익살을 아는 여유 있는 사람이 되고, 자신의 소중함과 장점을 알고 자기 생각을 글, 그림, 말이나 몸짓으로 당당하게

---

3. 앞의 책 175~176쪽.

아이들과 함께 만든
학급문집과 만화

표현하기를 바랐다. 2004년에 《만화 학교에 오다》우리교육를 펴낸 것은
이런 바람이 맺은 옹골찬 열매다.

　학교 도서실을 운영하면서 중학생들과 놀이하듯 어울린 시간은 《천
방지축 아이들 도서실에서 놀다》나라말로 묶어냈다.

　이인호가 하는 연극 활동에도 물이 올랐다. 첫 발령 천북중에서 두
달 남짓 근무하는 동안 마당극을 올리고 군대에 간 이인호는 이후 근
무한 모든 학교에서 연극반을 만들어 학생들과 대본을 만들고 공연했
다. 초기에는 학교에서 연극 자체를 불온하게 보고 대사 한마디에도 트
집을 잡았다. 나중에는 학생뿐 아니라 교사들도 함께 연극에 참여했다.
연극 활동으로 학생들이 놀라운 힘과 감동을 체험하고 카타르시스를
느끼며 자기 존재를 변화시키는 여러 사례를 보았다. 이인호 자신도 연

극과 사랑에 빠진 까닭을 이렇게 밝혔다.

"〈오아시스 세탁소 습격 사건〉에서 내가 배역 맡은 강민호가 긴 독백 뒤에 눈물을 머금던 시간. 오롯이 빠져드는 몰입을 사랑했다. 그 후로도 연극 무대를 올릴 준비를 하며, 무대를 올리며, 무대를 비우며 나는 끊임없이 다시 태어나는 듯한, 온몸을 깨끗이 씻는 듯한, 새로운 피를 갈아 넣는 것 같은 상태를 느끼곤 했다. 그런 것을 아이들과, 극단 선생님들과 공유하고 싶었다."

학교에서 연극 공연을 하려 할 때 적당한 대본을 구하기 어려웠다. 이런 어려움을 겪는 전국의 교사들에게 도움을 주기 위하여 이인호는

부부의 저서들

박경이와 함께 '중고등학생을 위한 연극 대본 모음'《애들아! 연극하자》
나라말를 엮어냈다.

대입이 당면 목표인 고등학교에서는 연극 활동이 쉽지 않았을 텐
데…….

"인문계 고3을 맡아서 연극을 한다는 것은 나부터 조심스러웠다. 그
래도 천안중앙고에서 축제 때 〈허생부인전〉을 복자여고와 합동으로 했
고 온양여고에서는 2개의 창작극을 올렸다. 연극동아리 활동을 체계
세워 한 것은 청수고 근무 7년이다. 동아리로서 자부심도 있었다. 연극
동아리 활동을 하러 청수고에 들어왔다는 학생도 여럿 있을 정도였다.
〈아빠 어디가〉〈죽을랑 살랑 토끼 이야기〉 등 전교연 선생님들이 즉흥
과 토론을 통해 만든 작품들을 공연하며 교육연극의 '레퍼토리'를 확
장하는 시간이기도 했다. 낭독극이라는 형태를 접하고 연극반 학생들
과 현대소설을 대본화하는 과정을 통해 25편의 소설을 대본으로 담은
단행본《연극, 소설을 만나다》[4]를 출판했다. 또 학교에서 공연할 만한
작품 20여 편을 모아《우리 연극해요 1, 2》[5]를 2016년에 나란히 발행하
기도 했다."

아이들이 기다리는 교사

이인호는 교직 대부분을 담임교사로 지냈다. 학급일기 쓰기를 통해
학생들과 소통하고 급우들 사이에 교우의 폭을 넓히도록 했다. 교사가
아이들을 존중하는 것이 중요한데, 이것은 말로만 되는 것이 아니라는

4. 차지훈 지음, 이인호 엮음, 작은숲, 2016.
5. 전국교사연극모임 엮음, 작은숲, 2016

믿음이 있었다. 담임도 글을 통해 자기 생각을 전하면서 학생들과 더 밀착할 수 있었다. 학급문고를 비치해서 독서를 권장하고 서로 토론하게 함으로써 학생들 사고의 성장을 보았다. 이런 활동성과를 연말에 학급문집으로 묶어 마무리 잔치를 한 것을 아름다운 추억으로 간직하고 있다.

"학생들이 우리 반의 좋은 점을 꼽는 설문에서 학급문고, 학급일기도 나왔지만 냉장고와 전자레인지, 담임샘을 꼽았다. 교실 냉장고는 시원한 물이나 여름에 수박 넣는 정도로 썼다. 교과 교실, 수업 교실에서는 냉장고에 아이스크림을 비롯해 차, 코코아, 우유, 커피 등 마실 것과 과일, 케이크도 있었다. 전자레인지는 팝콘을 튀겨서 모둠 활동을 할 때 나눠 주거나 간단하게 덥히는 데 유용했다. 접시와 컵, 과도, 쟁반 등도 갖춰 두었다. 어떤 선생님이 시험 감독을 들어왔다가 보고서 이 교실에서는 며칠 살아도 되겠다고 했다. 아이들은 북카페 같은 교실이라며 가끔 지나다 와서 차를 마시고 가거나 내가 만든 커피우유아이스크림을 하나 달래서 물고 가기도 했다. 아이들을 만나는 데는 수표보다 자질구레한 동전이 더 필요할 때도 있다. 학급 활동에서 자기에게 맞는 역할을 다하고 그것이 선한 질서가 흐르고 생동감 있는 공동체를 만들어 가는 동력이 됨을 체감하면서 나는 담임으로서 정말 행복하고 아이들 만나는 걸 기다리게 되었다. 용민이었던가? 선생님을 만나는 것은 하루하루 새로운 선물상자를 열어 보는 것 같다고 했던 게. 매일은 아니어도 그런 날이 많았다. 그래서 해마다 새로웠고 한 해가 끝날 즈음이면 많이 서운하고 가슴앓이도 했지만 그만큼 새로운 3월을 맞는 것이 설레고 가슴 뛰었다."

이런 열정으로 환갑 지나고도 고3 담임을 맡았던 이인호는 2018년 4월 수업 중에 불시에 초기 뇌경색을 경험했다. 보건교사 도움으로 발

빠르게 대처한 덕분에 병세는 더
나빠지지 않았다. 하지만 치열한
승진 경쟁보다 담임을 하면서 '위
대한 평교사'로 완주하고 싶었던
소박한 소망을 내려놓아야 했다.
누구는 '공모교장 한번 하셔야 한
다'는 말도 했지만 이인호는 교직

마지막 한 해를 충남학생문화교육원에서 연극담당 파견 교사로 복무하
고 마지막까지 전교조 지부 사무국 일을 했다.

2020년 2월에 정년퇴임 했다! 교사극단 '초록칠판'2005년 창단 후배
교사들은 한 시간 넘는 퇴임 축하 공연 〈연극 이인호〉를 헌정하고 제자
와 후배들이 뜨겁게 축하했다.

한편 천안여중과 천안중에서 교사로서 절정기를 지냈다고 자평하는
박경이는 2006년 예산여중으로 옮겼다. 거긴 1980년대 학교 그대로였
다. 분위기를 바꿔 보려고 부대끼다 보니 몸이 아프기 시작했다. 학생들
은 여전히 반짝였으나 이제 할 만큼 했다 싶었다. 여덟 살부터 다닌 학
교 너무 오래됐다. 20년 동안 섰던 무대에서 그만 퇴장하기로 했다.

퇴직하고 박경이는 공부하고 여행하고 꽃을 가꾸었다.《리스본행 야
간열차》를 원서로 읽고 싶어서 독일어 문법 공부에 도전했다. 자신과
벌인 싸움이었다. 머리에 쥐가 나는 듯한 시간 끝에 '자기 자신을 이해
한다는 것은 발견인가 창조인가?' '나는 터널을 좋아한다. 희망의 상징
이니까. 언젠가 다시 밝아질 것이다. 혹여 밤이 아니라면.' 이런 문장들
을 독일어로 읽어보았다. 책은 독일 출장 간 마루가 사 왔다.

박경이는 서울에 있는 심리 상담과 정신분석 전공 교수들 학술공동

체인 '대안연구공동체'에 들어갔다. 3년 동안 천안에서 서울을 오가며 정신분석 관련 서적 100권을 공부했다. 1000일이 넘는 시간을 그는 이렇게 회상했다. "나를 알기 위해 공부하는 날들은 지적 허영이거나 허풍이 뒷심으로 받쳐 주는 가운데 자신을 해석하고 화해하며 생명의 살이 오르는 기쁨을 누린 하루하루였으니 살아있음과 가장 가까웠다."[6]

그리고 미국 뉴욕에 가서 석 달을 살기도 했다. 《리스본행 야간열차》에서 읽은 이런 구절이 마음에 꽂힌 까닭이 아닌가 싶다.

"지금 내 모습이 아닌 완전히 다른 삶을 선택하길 원한다면 꼭 요란한 사건만이 인생의 방향을 바꾸는 결정적 순간이 되는 건 아니다. 여행을 떠나고 나서야 나 자신을 찾아가는 여정도 시작된다."

정신분석 공부를 밑천 삼아 박경이는 교육청 징계위원회 위원으로 활동했고 지금은 고충처리위원회 위원으로 봉사활동을 한다. 젊어서 첫아이를 뱃속에 품고 출석하여 시달렸던 징계위원회다. 공부한 후 사

---

6. 박경이, 《엄마 꽃밭은 내가 가꿀게요》, 129쪽, 어른의시간, 2017.

람들 변화나 처지, 과오를 너그럽게 이해하게 됐단다.

"학교 현장을 잘 아니까 규율로 단죄한다는 것이 어색하다. 징계받은 교직원이 받은 상처를 치유하고 위로하는 과정이 필요하다고 생각하고 교육감에게 건의도 했지만 구현되지는 않았다. 사안들을 유형으로 분류하여 백서라도 만들고 싶다."

이인호는 퇴임 후 충남연극교과연구회회장 윤종진 지도위원을 맡았다. 교육청 도민 감사관 활동도 한다. 요즘 초등학교 절반 이상이 다문화 학교라 중장기 계획이 필요한데 시군교육청 장학사의 인사이동이 잦아서 개선 방안을 궁리하기도 한다.

요즈음 우리 주인공들은 세종시 교육부 앞으로 간다. 1989년 전교조 해직 교사 원상회복 특별법 제정을 촉구하기 위해서다. 대한민국은 세계 시민의 보편 권리인 노동조합 결성을 폭력으로 막았다. 국가가 범한 폭력을 사과하고 피해자들에게 마땅한 보상을 하는 것이 옳다. 박경이는 이렇게 강조했다. "공동체의 미래를 위해서라도, 상처를 치유하고 과거사를 청산하기 위해서라도 해직 교사들 명예회복은 반드시 이루어져야 한다. 성패와 관계없이 우리를 지원한 수많은 시민 교사 학생들과 한마당 큰 잔치를 열고 싶다. 전국 곳곳에서 꼭 열어야 한다."

숨 막히던 굴 밖으로 열차가 빠져나간다. 다행히 밤이 아니었다.

구희현

글_김광철

5·18광주와 세월호를 품고
지역 주민과 함께한 교사

7월 1일 오후, 김광철, 김민곤, 이주영은 교육과 사회 개혁 운동가 구희현 선생을 취재하기 위하여 안산시 고잔동에 있는 '안산환경운동연합' 사무실을 찾았다. 구희현 선생이 '안산환경운동연합' 공동대표기도 하고 세월호 '4·16안산시민연대' 운영위원으로서 이 사무실을 함께 쓰고 있기 때문이다. 좁은 사무실에서 여성 활동가 네댓 명이 더위에 비지땀을 흘리고 있었다. 우리 취재진은 그 사무실에서 미리 준비해 간 질문지를 보면서 구희현 선생과 많은 이야기를 나누었다. 오후 5시가 지나서는 인근에 있는 '4·16기억교실'을 찾았다. 구희현 선생의 말을 빌리면, 이재정 교육감이 당선되고 나서, 세월호 학부모들의 반대에도 불구하고 단원고에 있던 기억교실을 이곳으로 옮겨와 '4·16기억교실'을 새로 꾸렸다고 한다. 구희현 선생과 우리 취재진은 세월호 참사 관련 영상을 시청하고 난 다음, 그들의 유품이나 사진 등이 전시된 교실을 그대로 옮겨온 듯한 전시관을 찾았다. 경빈 엄마 전인숙 님의 안내를 받으며 둘러보았다.

'안산환경운동연합' 사무실에서 인터뷰 중인 구희현

글쓴이와 구희현의 인연

1991년 4월 26일 명지대 학생이던 강경대 군이 시위 도중 백골단경찰
사복 체포조의 쇠파이프에 맞아 숨지는 사건이 일어난다. 이 사건이 발생
하자 대학생들은 물론 재야, 야당, 노동, 시민 사회 등 전국적으로 노태
우 정권의 책임과 퇴진을 요구하는 집회, 시위 등이 격렬하게 일어난다.
대학생과 노동자들이 연이어 분신하면서 노태우 정권에 격렬하게 저항
했다. 이른바 분신 정국으로 치닫던 시기다.

당시 전교조도 이러한 시국에 이수호 등 해직 교사들이 투쟁 지도부
에 들어가서 싸우고, 많은 해직 교사도 시위 대열에 참가한다. 현직에

남아있던 전교조 교사들은 '노태우 정권 퇴진하라'는 시국선언문을 발표했는데, 전국에서 6400여 명이 시국선언에 참여한 것이다. 그러자 노태우 정권은 시국선언의 철회 각서를 요구한다. 당시 구희현은 경기도 시국선언 대표를 맡고 있으면서 기자회견 및 관련 집회를 주도하고 있었다. 글쓴이는 당시 서울초등지회 부지회장을 맡고 있었다. 전교조 서울지부 8개 지회 대표들이 강경대 군의 시신이 안치된 세브란스 병원이 있는 연세대학교 강당에서 기자회견을 했다. 전교조 본부 사무처는 전국 교사들의 시국선언 조직을 독려하고, 정권의 징계 협박에 대응 투쟁을 주도해나갔다. 대책 회의가 전교조 본부에서 열렸을 때 글쓴이는 구희현을 처음 만났다.

당시 분신 정국이 한창 이어질 때는 정권에서 시국선언 교사들을 특별히 탄압하지 못했다. 국무총리 정원식이 외국어대학을 방문했다가 학생들로부터 달걀과 밀가루 세례를 받자 기다렸다는 듯이 정부 여당은 대대적으로 검거 선풍을 일으키며 공안정국으로 몰고 갔다.

시국의 흐름이 이렇게 바뀌더니 2학기가 되어 노태우 정권은 시국선언 주동자급으로 지목된 구희현, 글쓴이 등 다섯 명의 교사를 해직시켰다.

80년 광주항쟁은 구희현 인생의 큰 전환점이 된다

구희현으로부터 80년 광주항쟁 당시 이야기를 들었다.

"나는 79학번으로 광주항쟁 당시 전남대 사대 상업교육과가 최초로 생겨 거기 2학년에 재학 중이었어요. 당시 나는 학원 자율화 추진위원을 했고요. 박관현 선배 등이 앞장섰지요. 5·18이 그렇게 커질 줄은 몰랐어요. 80년 5월 18일 전두환 등 신군부의 계엄령 철폐와 김대중 등 민주인사 석방을 요구하는 집회를 열기 위하여 전남대 교문 앞에 50여 명이 모였어요. 선배들은 수배되거나 잡혀가서 집회를 이끌 사람이 없었어요. 2학년인 내가 나섰지요.

그랬더니 공수부대가 몰려오고 옆에 있는 학우가 퍽 쓰러지는 거예요. 안 되겠다고 판단하여 금남로로 진출하자고 하여 벽돌을 깨 들고 시내로 향했어요. 오후부터 공수부대의 진압이 시작되어요. 그래서 담 넘어 도망갔다가 19일 날에는 친구와 함께 금남로를 향해 양동시장 앞을 지나갔어요. 친구는 5m쯤 앞에 가는데, 공수부대가 친구를 잡아가는 것을 보고 나는 튀었어요. 양동시장 지물포 평상 밑에 3시간 정도 숨어있다가 피신했지요. 21일까지 이런 방식으로 시위를 벌였지요. 21일부터 군인들이 총을 쏘며 시민들을 살육하기 시작하자 산을 타고 광주를 빠져나가 영산포 집으로 내려갔어요. 다시 광주로 돌아왔더니 이정현이라는 같은 과의 학우가 도청 사수대로 들어가 싸우다 죽었다는 거예요."

"나도 수배령이 내려져서 피신하여 낙동강 다리 밑에서 두 달 정도 숨어 지내다가 광주로 돌아왔어요. 이렇게 학우들과 시민들이 죽어 나갔다는 현실 앞에서 마음의 고통이 이만저만이 아니었어요. 나중에 소문이 '죽을 놈은 안 죽고 애먼 놈만 죽었다'는 말까지 들으니 참으로 견디기 힘들었어요. 그래서 죽으려고 수면제를 한 움큼 먹었어요. 집주인이 영산포 우리 집으로 연락을 하여 아버지와 고모부가 달려와 병원으로 데려가서 살아났지요. 아버지가 말씀하셨어요. '싸우더라도 살아남아서 싸우라'고. 당시 나는 전남대 후문 동네에서 자취했어요. 5·18 끝나고 나서 남은 사람이 별로 없었어요. 전두환과 이순자 취임식 때 나온 컬러로 된 신문을 문에 못으로 박아 놓았어요. 그걸 보고 '빨갱이를 신고하면 200만 원을 준다.'는 말에 자취방 주인이 나를 신고해버렸어요. 광주 안기부에 잡혀 들어가서 3일간 엄청나게 두들겨 맞았지요. '너 김대중 선생을 위해서 울었지?' 또는 '김대중 선생이 준 만년필을 받았지?' 등 불라고 하면서. 3일 만에 풀려나왔어요. 이번에는 서울대에 뿌려진 유인물이 광주 시내에 뿌려졌는데, 내가 지목되어 광주서가 나를 잡아갔어요. 광주 시내 백제호텔로 3일간 잡혀가서 실컷 얻어맞았지요. 그 후에 보안대에도 끌려가서 또 3일간 죽을 정도로 얻어맞았어요."

"이런 시절에 공부가 제대로 되겠어요? 학점은 C, D로 깔았지요. 졸업생 스물세 명 중 꼴찌로 졸업을 했으니까 말이지요. 스물일곱 살 늦은 나이에 졸병으로 군에 끌려가서 엄청나게 두들겨 맞으면서 힘들게 군 생활을 했지요. 그런 군 생활을 기억하고 싶지 않아서 군대 사진은 한 장 남아있지 않아요. 고등학교 때는 교회를 다녀서 술을 마시지 않았는데. 대학을 다니면서는 광주 5·18 트라우마 때문에 술을 엄청나게 마셨어요. 글라스에 채워서 폭주하고 그랬지요."

5·18을 전국화하기 위해 수도권에 진입하다

구희현은 5·18을 전국화하기 위하여 수도권으로 올라간다. 대학 졸업 후 경희대 행정학과 대학원에 들어갔다. 여덟 명 뽑는데 서른다섯 명이 지원했는데 붙었다. 대학원 졸업 후 인천전문대와 대전대학에 강사로 나갈 수 있었는데, 군대 문제가 해결이 안 되어 대학 강사로 갈 수가 없었다. 군대 갔다 와보니 세상이 완전히 바뀌어 있었다. 그래서 구희현은 기자가 되어 세상을 바로 세우는 일을 할 결심을 한다. 《매일경

제》기자 시험에서 1차에 붙었다. 2차 면접을 하는데,

"전두환 정부의 경제정책에 대하여 아는 대로 이야기해 보라고 해서 매판자본이라고 했더니 보기 좋게 떨어졌지요. 그때부터 친구들은 나를 '구기자'라고 부르기도 했어요."

구희현은 경기도교육청에 교사 발령 신청을 하여 가평종고의 상업교과 교사로서 교직에 첫발을 내디딘다. 5·18에 살아남았으니 교육을 통하여 5·18을 전국화해야겠다는 신념에서다. 당시 전교조가 떴지만 혼자 하기는 힘들었다. 그래서 가평종고에 평교사협의회를 조직하였다. 30여 명이 모였다.

구희현이 가평종고에 근무할 때 일이다.

5·18이 돌아오니까 구희현은 기술실 담당 선생을 꼬드겼다. "내일이 5·18인데, 5·18 분향소를 설치하자." 그랬더니 1층에 있는 기술실을 빌려주겠다는 것이 아닌가? 반가운 일이었다.

"그러면 선생님이 분향소 차릴 준비를 해 와. 나는 꽃을 사 올게."

다음 날 아침 교직원 조회가 끝나는 시간에 구희현은 번쩍 손을 들고 일어선다.

"광고 사항 하나 해도 되겠습니까?"

교감이 그러라고 한다.

"오늘이 무슨 날인지 아세요? 오늘이 광주 5·18항쟁의 날입니다. 광주에 못 내려가니 기술실에 분향소를 차렸습니다. 뜻있는 선생님들께서는 기술실에 오셔서 분향했으면 좋겠습니다."

학교가 발칵 뒤집혔다. 경찰이 학교를 찾아오고 분향소 치우라고 난리가 났다.

"분향소 물품 하나만 치우면 나 죽는 줄 알아."

"그래 놓고는 다른 사람을 시켜서 오전 시간 동안만 놔두는 것으로

관리자들과 타협을 하게 했어요. 그 분위기에서 무서워서 누가 분향을 하겠어요. 딱 한 선생님만 와서 분향한 것으로 알아요."

"어느 날은 점심시간에 기술실에서 평교사협의회를 하는데 교감이 들어와 내 넥타이를 붙잡고 복도로 끌고 나갔어요. 해직 교사 원상회복 서명 철회를 안 한다고 내 뺨을 때리려고 한 일도 있었지요."

이런 일들이 벌어지니 교장, 교감 등은 눈엣가시 같은 구희현을 쫓아내고자 강제 내신을 내어 포천에 있는 관인고로 발령을 나게 하였다. 구희현은 새로 발령을 낸 학교로의 부임을 거부하고 1주일 정도 버틴다. 그러자 가평종고에서 같이 근무를 했던 주임교사가 그를 차에 태워 관인고로 데려갔다.

"지금 제일 미안한 것은 가평종고에서 3학년 담임을 맡다가 전교조

교단에서

투쟁으로 학년을 마치지 못하고 쫓겨나간 거예요. 관인고에 갔을 때는 담임을 안 주니까 중학생 아이들하고 친했는데, 거기도 마찬가지로 해직이 되어 두 학교 학생들한테 아직도 미안해요. 그 후에는 학교를 옮길 때마다 아이들한테 정성을 다하려고 많은 노력을 해요."

비민주적인 교장, 교감 등과 싸우던 전교조 투사

구희현은 이런 부당한 처사에 대항하여 관인고에서 더욱 교육민주화의 결기를 다진다.

"포천의 관인고에 가보니 내 책상을 교감 옆에 앉게 만들어 놓았더라고요. 속으로 '이놈들 봐라. 어디 두고 보자.'며 벼르고 있는데 교련 교사 출신 교감은 툭하면 학생들을 데려다 교무실에서 꿇려 앉힌 다음 슬리퍼 발로 무릎을 마구 밟는 체벌을 가하더라고요. 교감은 매시간 교무실에 출석부가 꽂혀있는지 아닌지 확인하면서 교사들을 감시하고, 선생들은 다 젊으니까 계속 긴장해서 사는 거예요. 교실 수업을 들어갈 때는 분필도 세 개밖에 못 가지고 가게 해요. 그러면서 '선생들이 물자를 안 아낀다.'고 그러잖아요."

"한번 나한테 걸려들었어요. '내가 기금까지 두고 보았다. 이 학교에 온 지 얼마 안 되어 참았는데, 교감이 아이들을 밟아대는데, 그게 무슨 짓이냐? 같이 끝낼까? 그리고 분필은 어떤 놈이 처먹어서 질 나쁜 것 사 왔어. 내가 상관잖아. 회계감사를 해야겠어. 행정실이랑 다 해야겠어. 선생들이 자율성을 가지고 교육을 할 수 있게 해야지, 뭐 하는 짓들이야?' 가서 한 달이 되기도 전에 내가 대장 노릇을 하게 됐지요. 그 후 교장이 바뀌었는데 좀 나아지더라고요."

구희현은 관인고에 근무를 하면서 이런 일도 겪는다.

"동송에서 전교조 모임 끝나고 숙직실에서 잠을 자며 보관해두었던 전교조 신문 뭉치가 없어진 거예요. '누가 전교조 신문 가져갔나? 빨리 가져와라.' '2시까지 내 책상 위에 안 갖다 놓으면 절도 혐의로 형사입건을 할 수 있도록 하겠다.'고 하며, '전교조 신문을 훔쳐 간 놈, 도둑놈이다. 절도행위다. 빨리 내 자리에 갖다 놔라.' 피켓을 만들어서 들고 복도를 돌고, 행정실 앞과 교장 앞에 가서 30분 들고 서 있었지요. '2시까지 안 갖다 놓으면 전교조 해직 교사 불러내고 경찰, 기자들 부를 거야. 내 성격 알잖아.'라고 했더니 2시 전 갖다 놓았더라고요. 아마 학교 용인 아저씨가 가져갔을 거예요. 그렇다고 아저씨를 다치게 할 수 없어서 더 확인하진 않았어요."

"인근에 영북중학교라고 있는데, 교장이 또 전교조 신문을 감췄어요. 그 소식을 듣고 조퇴를 해서 그 학교를 찾아갔어요. 이강기 선생을 불러서 같이 갔어요. '신문 도둑놈 잡으러 왔다.'고 하니 교장이 도망을 갔어요. 기어이 교장을 찾아내어 잘하기로 다짐받고 돌아온 적도 있어요."

김민곤 취재 기자가 거든다. "그곳에 이강기, 김기선, 김종만, 조형수 등이 있었지. 포천 전교조가 셌어."

네 차례 전교조 경기지부장 등 역임,
경기 지역 노동, 시민운동의 구심 역할

구희현은 경찰에 의한 강경대 학생 타살 사건 시국선언과 기자회견, 집회 등을 주도하다가 결국은 학교에서 쫓겨난다. 광주 5·18의 주범인 12·12반란군 수괴 중 한 명인 '노태우 퇴진 시국선언'이니 한 치의 주

경기지역노동자통일실천단(왼쪽)과 제1기 노동자통일학교(오른쪽)

저함도 없이 주도적으로 앞장섰기 때문이다. 이 땅의 민주주의를 바로
세우기 위하여 기어이 거리의 교사의 길을 자청한 것이다. 구희현은 전
교조 최연소 지부장과 4회에 걸친 최장수 전교조 지부장을 거치면서
경기지역 민주노총 부본부장, 통일위원장, '친환경학교급식경기도운동
본부' 상임대표, '경기혁신교육복지포럼' 대표, '경기환경운동연합' 공
동의장, '민주주의민족통일경기남부연합' 공동의장, 한신대학교 교과교육론
강사 등을 역임했다. 그런가 하면 경기도 교육청에서 많은 역할을 맡아
수행하였다. '친환경무상급식추진단' 추진위원, '교육자치협의회' 운영
위원, '김상곤 교육감 탄압저지와 민주적 교육자치 수호 공동대책위원
회' 상임공동대표 등을 역임했다.

현재는 '친환경학교급식경기도운동본부' 상임대표, '안산환경운동연
합' 공동대표, '4·16교육연구소' 이사장, '경기도친환경급식지원센터'
운영위원장, '경기농수산진흥원' 이사, '안산환경재단' 이사, '안산혁신
교육연구회' 자문위원, '안산성인장애야학' 교사, '안산도시농업연대'
공동대표 등을 맡고 있다. 대단히 화려하고 묵직한 이력을 갖고 있어서
놀라지 않을 수 없다. 전국의 많은 전교조 해직 교사가 지역의 노동, 농

구희현의 사회운동 활동

민, 시민, 사회 운동에서 중심적인 역할을 한다. 구희현이 대표적 예다.

김영삼 정부 시절 전교조 해직 교사들이 대부분 복직한다. 그렇지만 구희현은 이때 다른 해직 교사들과 함께 복직하지 않고 전교조 상근 활동가로 남는다. 구희현은 웃으며 말한다.

"내가 늦게 해직이 되기도 하였고, 나이도 어리니 남아서 경기지부를 지키라고 하여 남들과 같이 복직을 못 했어요. 김대중 정부 들어서서 전교조가 합법화되면서 일괄 복직할 때, 학교로 돌아왔어요. 경기지부 일을 보면서 집회, 시위 등을 주도하면서 집시법 위반 등으로 재판에 넘겨진 게 십수 회가 되고, 벌금도 많이 받았지요."

복직하고 난 후에는 평촌경영고등학교, 글로벌통상고등학교, 경기모바일과학고 등에서 근무하다가 2018년 경기도 교육감에 출마하기 위하여 명예퇴직한다.

우리 사회의 뜨거운 의제인
환경운동과 통일운동에 앞장서다

구희현은 1998년 이후 환경운동을 계속하고 있다. 글쓴이가 강원대 성원기 교수 등과 함께 '탈핵국토도보순례'에 나서서 걸을 때 같이 걷기도 하고, 설악산 케이블카 반대 운동을 하는 현장 등 각종 환경 관련 활동에서 구희현을 종종 만나기도 한다. 구희현은 경기도 환경운동연합 의장을 거쳐 현재는 '안산환경운동연합' 공동대표를 맡고 있다. 경기도 친환경 무상급식 운동을 주도하기도 한다. 요즘은 주로 탄소 줄이기, 플라스틱 쓰레기 없애기 운동과 핵발전 반대 중심의 활동을 하고 있다. 가까이에 있는 영흥발전소와 관련하여 석탄발전소 반대와 햇빛발전소

확대사업을 주력하고 있다.

구희현은 해직 후 경기지부장 등을 하면서 연대 사업 일도 많이 했다. 민주노총 경기도 본부를 처음 만들 때 민주노총 수석부본부장을 맡았고 나중에는 통일위원장도 겸직했다. 경기도를 대표하여 남북 노동자 통일 토론회 참가 차 북한을 두 차례 갔다 오기도 한다.

"미래 교육을 말할 때 일자리 등 먹고사는 이야기를 많이 하는데, 내가 생각하는 미래 교육은 안전하고, 평화롭고 수명대로 살게 하는 것이라 생각한다. 기후 위기에 대응하는 생태, 환경 문제의 생활화, 전교조가 했던 조례 제정 운동, 국민의 안전한 먹거리 운동을 업그레이드하면서 사회 경제적으로 의지를 모아나가는 것이 필요하다. 평화통일 문제와 관련해서는 남북이 화해하고 싸우지 않아야 한다. 남북철도를 놓아 대륙으로 진출하고 우리의 미래를 아이들한테 개척해줘야 한다. 우리가 죽기 전에 통일 기차를 타보는 것이 꿈이다. 통일교육도 참교육의 방법과 대상을 더 확대해야 한다. 어른들을 포함하여 민주시민교육 차원에서 말이다."

2018년 지방선거 당시
경기 교육감 예비경선에 뛰어들어

구희현은 2018년 경기도 교육감 진보진영 예비경선에 나서면서 '하하하 교육'을 주창한다. 당시 구희현 대담집 《하하하 교육》써네스트, 2018을 출간한다. 이 책은 자신이 직접 쓰기보다는 학생, 교사, 학부모, 청년과의 대담 형식으로 자신의 교육관을 피력한 책이다. 거기서 구희현이 말하는 '하하하 교육'이란 학생이 행복한 교육, 학부모가 안심하는 교

2018년 경기도 교육감 출마

육, 교사가 즐거운 교육, 청년이 희망 찬 교육을 뜻한다.

예비경선에는 전교조 출신이 3명, 교수 2명 등 5명이 나온다 "사람들은 내가 예비경선에서 1위를 해서 본선에 나갈 것이라는 거예요. 그렇지만 막상 뚜껑을 열고 보니 2위라잖아요." 당시 교육감 출마를 위해《하하하 교육》출판 기념회 때 천여 명이 몰려오기도 했다. 결국 이재정 후보가 예비경선에서 후보로 뽑히고 교육감 선거에 나가 당선된다. 구희현은 예비경선에서 떨어지고 나니 많이 허탈하고 한동안 공황상태에 빠지기도 한다.

"진보, 중도 진영에서도 수도권에서 교육 욕망이 작용하니까 교수 출신을 선호하는 경향이 있어요, 처음에는 나를 지지한다는 단체나 사람들이 나중에는 교수 출신 후보 쪽으로 기우는 것을 보고 많은 실망을 하기도 했지요. 처음에는 잘 나갔는데, 뒷심이 부족하더라고요. 값비싼 대가를 치렀지요."

"교사들은 정치할 수 없게 한 법을 바꾸어야 해요. 교사의 자주적인 정치적 기본권이 있어야 학생들에게 진정한 정치적 자유권을 줄 수 있다고 생각해요. 교사들은 정치 노예라 하잖아요. 교사의 정치적 기본권 확보를 위하여 다가오는 대선에서 쟁점화되어야 한다고 생각해요."

"전교조가 공교육 정상화 등 참교육 운동을 해 오고 있는데, 학교 밖의 청소년들, 시민, 농민들을 아우르는 교육운동을 해야 한다는 것을 느껴요. 교육문제는 입시문제만 가지고 풀 수 있는 것은 아니지요."

'4·16교육연구소'와 성인 장애인 야학 운동

구희현은 해직이 되고 나서 광명으로 집을 옮겼다가 안산 지역 활동가들의 권유로 다시 안산에 자리를 잡는다. 안양이나 이곳 안산에서도 교장, 교감들은 구희현을 받지 않기 위해 다른 교사들을 내보내지 않는 방식으로 그가 오는 것을 막고자 했다. 김상곤 교육감 때, 그가 내신 희망서를 쓰지 않고 거부해버리니 전보 자체가 곤란해졌다. 교육청이 나서서 조정해 결국 안산으로 학교를 옮길 수 있게 됐다.

구희현은 세월호 참사 당일을 회상하며 말한다.

"1교시 수업을 하는데, 아이들이 휴대전화를 보고 '선생님 큰일 났어요. 단원고 아이들이 죽어가고 있어요.' 하는 거예요. 5·18도 그렇고, 살아서 이런 사건을 보다니요? 세월호 사고는 우리 교육에 대해 많은 것을 생각하게 했습니다."

세월호 참사 이후 구희현은 세월호 학부모들과 집회, 시위하는 등 그들과 함께하는 일상이 많았다. 세월호 참사 이후 그의 교육철학도 다시 다듬고 다지기 위하여 '4·16교육연구소'를 창립하는 데 앞장섰다.

'4·16기억교실'에는 단원고에는 없었던 세월호 참사로 희생된 교사들 방이 따로 마련되어있다. 이날 취재진과 함께 '4·16기억교실'을 찾은 구희현은 희생된 교사들 방에 들러 방명록에 글을 남기고 나서 말한다.

"세월호 당시 학생들도 그렇지만 교사들도 배에서 나오는 안내 방송만 믿지 말고, 기지를 발휘하여 학생들에게 구명조끼를 입게 하고 배에서 탈출을 시켰더라면 희생자 수를 줄일 수 있었을 거예요. 교사나 학생이나 시키면 시키는 대로만 하는 교육이 문제예요."

그러면서 말을 잇는다.

"4·16 정신은 생명 존중, 평화 존중, 미래 교육 방향이다. '가만히 있

단원고 4·16기억교실

으라'에서 벗어나는 내용과 비전이라야 한다. 4·16 정신은 생각만이 아니라 실천으로 가야 한다."

'4·16교육연구소'는 한완상 등 유명 강사들을 초빙하여 하하하 인문학 강좌'를 진행해 오다가 코로나19로 더 진행할 수 없어 회원들끼리 각자 자신의 영역에서 4·16 정신 구현을 하면서 코로나 사태가 진정될 때를 기다리고 있다고 한다.

구희현은 현재 안산시 와동에 있는 지역에서 지역 인사들과 함께 성인 장애인 야학인 '나무학교'를 중심으로 검정고시반, 문예반, 노래반 등을 운영하는 봉사를 하고 있다.

구희현은 풍채가 좋았다. 김민곤 기자는 이번 대담에서 "젊은 시절 격투기 선수 닮았다고 할 정도로 체격이 건장했던 구희현도 교육운동과 지역사회운동 안에서 몇 사람 몫을 해내느라 몸이 많이 축났다"며 안타까워했다. 대학 1학년 때는 야구, 축구를 잘해서 친구나 후배에게 인기도 많았다.

구희현은 전라남도 영산포의 시골 마을에서 농사를 짓는 부모님 밑에서 소 꼴도 베고 농사일을 도우며 밥은 굶지 않을 정도로 살았다. 중, 고등학교는 마을에서 6km가 떨어진 영산포 읍내로 다니느라 자전거로 통학했는데, 6년 개근을 한다. 구희현은 초등학교 때 전교 어린이회장을 했고, 중, 고등학교에서도 선생님의 말씀이라면 철저히 잘 지키는 모범생이었다. 고등학교 때는 선도부원을 맡기도 한다. 영산포 상고 3학년 때, 학교가 영어, 수학 등 대학에 들어갈 수 있는 교과 공부를 잘 시키지 않자 학생들과 함께 동맹휴학을 결행한다. 서슬 퍼런 유신 시절에 말이다. 그 사건은 학생회장이 다른 학교로 전학 가는 것으로 마무리된다.

80년 광주의 한을 풀기 위해 치열한 삶을 살았던 구희현

구희현은 대학에 들어가서 같은 과 여자 후배를 사귀고, 같이 경기도 지역에 발령을 받아 부부 교사로 근무하면서 아들, 딸 한 명씩을 두었다. 구희현이 해직되고 아이들이 어릴 적에는 영산포 부모님께 보내어 키웠다. 광명에 자리를 잡으면서 큰아이가 초등 4학년 때부터 자녀들을 데리고 와서 같이 살았다고 한다. 아이들은 현재 나름대로 세상을 열심히 살고 있다고 하니 다행이다.

아버지는 구희현이 복직되는 것도 보지 못하고 59세에 돌아가셨고, 어머니는 기도 삽관을 하고 광주 요양병원에서 연명 치료를 받고 있으시다 한다. 구희현은 3남 2녀의 장남으로서 집안을 이끌어가는 무거운 짐도 지고 있다.

구희현은 앞으로 사회운동과 활동도 꼭 필요한 것 외에는 많이 정리하고 자신의 평화를 챙기면서 살겠다는 생각을 내비친다. 80년 광주의

한을 풀기 위하여 자신을 돌보지 않고 다양하고 치열하게 사느라 건강도 많이 상했다. 환갑을 넘긴 나이에 부디 몸 돌봄과 마음의 평화를 찾으며 지역 운동의 중심을 잡는 어른으로 남아주길 기대한다.

이부영

글_이주영

이오덕 교육사상을 연구하고 실천하는
일놀이공부연구소 일꾼

산과 들이 초겨울로 접어드는 날, 김민곤, 김광철과 이부영 선생을 취재하러 갔다. 서울 초등에서는 첫 혁신학교인 서울강명초등학교에서 온 힘을 다했는데, 그 뒤에 명퇴하고 경기도 양평에 가서 '일놀이공부연구소'를 만들어 살고 있다고 해서다. 서울에서 양평으로 달리는 전철 창밖으로 보이는 산마다 울긋불긋 단풍이 손짓한다. 경의중앙선 전철 마지막인 지평역에 내리니 수수한 가을빛 아낙 같은 이부영 선생이 차를 갖고 마중을 나왔다. 점심으로 구수한 된장찌개 보리밥에 지평 막걸리 한잔 곁들이고 일놀이연구소로 향했다.

들어가는 길에 태극기, 성조기, 프랑스기를 세워놓은 기념비가 보이기에 내려서 보았다. 1951년 1월 31일부터 2월 2일까지 미군 제2보병사단 23연대에 배속된 프랑스 대대 병사들과 한국군이 중공군 3개 사단과 치열한 전투를 하면서 많은 희생을 낸 곳이라고 한다. 얼마나 많은 포탄을 퍼부었는지 마을 집이 다 불타고, 불발탄이 최근까지도 땅에 묻혔다가 나온다고 한다.

일놀이공부연구소에 도착해 나지막한 어깨높이 쇠살 대문을 들어서니 맞은편 돌담 위에 연구소로 쓰는 건물이 다소곳이 반긴다. 왼쪽에는 살림집이 별채처럼 있고, 오른쪽에는 작은 밭과 닭장과 정자가 있다. 주인이 왔다고 닭장에서 닭들이 꼬꼬 거리고, 정자 밑에 검둥이가 꼬리 친다. 건물 뒤로 들어가니 오래된 한옥이 나왔다. 6·25전쟁 당시 1·4 후퇴 때 이 지역에서 큰 전투로 동네 집이 다 불타서 1951년에 다시 지은 집이라고 했다.

마당 가운데 옛날 두레박 우물이 있고, 옆에는 펌프가 있다. 펌프 옆에는 수도가 있다. 우물의 역사가 한자리에 모여 있다. 대청마루에는 다듬잇돌과 떡살을 비롯한 옛날 생활 도구들이 있고, 벽에는 농사기구들이 걸려있다. 마치 타임머신 타고 60년대 정갈한 한옥에 들어온 느낌이다. 서울 아파트를 팔아서 다 쓰러져 가는 한옥을 사서 되살려 놓은 거라며 허허 웃었다. 부엌과 아궁이가 있고, 장독대가 있고, 뒤쪽 저장고에는 발효 식품으로 가득 차 있다. 옛날 방공호 자리라고 한다.

집 뒤는 산인데, 아이들이 가장 좋아하는 곳이라고 한다. 가파른 비탈길을 매 놓은 줄을 잡고 겨우 올라서니 조릿대 사이로 길이 나 있다. 조릿대 길을 지나니 잣나무 숲에 밧줄 다리가 손짓하고, 해먹과 그네도 기다리고 있다. 해먹에 누워 올려다보니 하늘로 치솟은 우람한 잣나무 잎 사이로 햇살이 아롱지고, 새파란 하늘 캔버스에 잣나무 가지들이 조각 무늬를 그려놓았다. 발로 잣나무 둥치를 슬쩍 밀었더니 흔들리는 해먹에 솔바람이 일어나고, 어디에선가 숨어 엿보던 꾀꼬리가 갑자기 노래한다.

이부영 개인 연구소인 일놀이공부연구소인데, 이곳에서 5년째 일놀이공부꿈의학교[1] 이후 꿈의학교를 운영 중이라고 한다. 꿈의학교는 2015년부터 경기도교육청이 운영하는 마을교육공동체 학교 밖 마을학교다.

---

1. 경기도 양평군 지평면 거치리길40번길 46 (무왕리 1039-1).

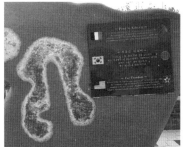

일놀이공부연구소는 이오덕 교육사상을 연구하고 실천하는 일을 하는데, 아이들을 비롯한 학부모, 교사, 그 밖에 이 뜻에 공감하는 모든 이가 와서 쉬거나 배움터로도 활용하고 있다. 그중 한 가지가 꿈의학교다. '일놀이공부'란 말은, 이오덕 교육사상 중 하나인 '일과 놀이가 하나가 되는 공부'[2]에서 따왔다고 한다.

일놀이공부연구소 주변에는 소나무, 잣나무, 모과나무, 자두나무를 비롯한 수많은 나무와 민들레, 참취, 참나물, 머위, 달래, 냉이, 도라지를 비롯한 수많은 나물, 그리고 쑥, 뽀리뱅이, 원추리, 삼잎국화, 쑥부쟁이, 돌나물, 질경이, 토끼풀을 비롯한 각종 풀이 사시사철 어울려 자란다. 이른 봄부터 초겨울까지 돌아가면서 꽃을 피우고 열매를 맺는데 대부분 10년 전부터 이부영이 하나하나 심고 가꾼 거라 한다. 여름엔 맹꽁이와 반딧불이, 박쥐도 찾아온다고 한다.

연구소 안팎을 자세히 살펴보면 식물뿐 아니라 벌레와 새, 고양이, 개, 닭 같은 많은 생명이 함께 살고 있다. 딱따구리, 부엉이 같이 보기 힘든 새도 많고 여름에는 곤충 박물관에서나 볼 수 있는 나비와 나방도 아주 많이 날아다닌다고 한다. 이곳이 마치 하나의 작은 우주라는 생각이 든다고 했다. 하루에도 몇 번씩 그 우주를 돌아보면서 태어나고 자라고 꽃 피우고 열매 맺고 죽어가는 식물과 동물들을 살핀다. 이부영은 이렇게 돌아보는 일을 '회진'이라고 했다. 회진하면서 온몸으로 자연과 만나며 건강한 삶을 배우고, 그 배움을 고스란히 꿈의학교 아이들과 나눈다.

이렇게 가꾸어 놓은 작은 우주 속에서 봄부터 겨울까지 꿈의학교 아

---

2. 자세한 내용은 이오덕이 쓴 《민주교육으로 가는 길》 참조. 이부영, '이오덕 선생님의 "힘내라" 편지가 그립습니다.-우리 교육의 큰 스승, 이오덕 선생님 8주기에 부쳐', 〈서울형혁신학교 이야기 ⑨〉, 《오마이뉴스》, 2011년 8월 23일 자. (bit.ly/ptm4CU)

이들과 매월 1회 주말에 1박 2일을 함께 보낸다. 사계절 변화에 따른 일과 놀이를 찾아서 하고, 제철에 나는 재료로 삼시 세끼를 협력 활동으로 해결한다. 농사일하기, 나물 캐고 뜯기, 열매 따기, 주변에 있는 재료로 밥해 먹기, 친구들과 함께 놀기, 동네길 산책하기, 동식물 관찰하기, 별 관찰하기, 아궁이에 불 때서 밥해 먹고 온돌방에서 잠자기를 한다고 했다.

김민곤   하~, 이렇게 큰 우주를 만들고 있었군요. 참 대단하이. 그래 언제부터 이런 계획을 세워서 이렇게 만들어 왔나요?

이부영   퇴직한 뒤 숲속 자연생태 배움터를 만들어 살고 싶어서 2002년부터 양평에 드나들었어요. 이 동네 땅값이 싸다고 해서 왔는데, 이 터가 딱 마음에 들었어요. 동네 이름이 한자어로 '무촌茂村' 토박이말로는 '거치리'랍니다. 거친 잡목과 잡풀이 무성한 마을이라는 뜻이래요. 한마디로 볼 것 없는 마을이라는 거죠. 그러나 마을 들머리가 좁고 안쪽이 넓고 삼면이 산으로 둘러싸여 있어서 마을 전체가 엄마 품 같은 편안함이 느껴졌어요. 남서쪽으로는 고래가 누워있는 모양인 고래산이 있고, 남쪽으로 개울이 흐르고, 북서쪽으로는 잣나무와 낙엽송 숲이 우거져 있어요. 고래산 줄기가 찬 바람을 막아주고 햇볕이 따뜻해서 그런지 집 안에 지평면에서 볼 수 없는 감나무가 고목으로 자라고 있고, 조릿대 숲이 있더라고요. 또 마을에 특별한 관광시설이나 공장과 축사가 없어서 공기가 맑고, 자연 생태가 그대로 살아있어요. 무엇보다도 조용해서 참 좋았어요.

2010년 살림집을 먼저 짓고 서울로 출퇴근하다가, 2016년 2월 명퇴를 했는데, 명퇴금과 서울에 있는 아파트를 팔아서 쓰레기가 뒤범벅이 된, 다 허물어져 가는 두세 채 있던 집을 사서 한옥을 되살리고 공부방을 지었어요. 꿈의학교는 2017년부터 운영하게 되었죠.

김광철　이렇게 큰일을 벌여 놓았는데, 갑자기 아프거나 죽거나 하면 어떻게 해요? 언젠가 죽을 텐데 그 뒤에 누가 이곳을 운영할 수 있을까 생각해봤는지 궁금한데요?

이부영　그런 걱정은 안 하기로 했어요. 지금 내가 여기 자연 속에서 풀과 나무와 강아지와 고양이, 아이들하고 잘 살면

되지요. 이 작은 우주 안에서 행복하게 살면 되지요. 아들한테도 내가 열심히 가꾸어놓을 테니 이다음에 와서 살아도 되고, 관리하기 힘들면 팔아도 된다 했어요. 물론 누군가 나와 같은 마음으로 이곳을 맡아서 잘 이어 운영하는 사람이 있다면 더 좋겠지요.

이주영   하나원에서 새터민 어린이를 지도하는 일도 했지요? 다른 교사들은 경험하기 어려운 일인데 어떠셨는지요?

이부영   2001년도 9월에 처음으로 북한에서 탈출한 어린이 청소년들이 국내로 들어왔는데, 통일부에서 예상하지 못했던 일이라 어린이 청소년들 문화통합 교육을 위한 예산이나 교육과정이 없었대요. 남북통합교육연구회현재 평화디딤돌 사람들이 급히 경기도 삼죽에 있는 통일부 새터민 교육기관인 하나원과 협의해서 지하 조사실을 개조해서 하나둘 학교 교실을 만들고, 운영 기금을 모아서 교육과정 만들어 지도했어요. 그때 함께했지요, 새터민 어린이들을 우리 집에 데려다 재우기도 했고요. 그게 인연이 돼서 남북어린이어깨동무에서 북한에 연필공장이나 두유 공장 만들어줄 때 후원했고, 2007년 평양 어린이병원 개원식 때는 남쪽 아이들과 함께 평양과 묘향산을 다녀오기도 했습니다. 전쟁 후 남북 어린이 청소년들이 직접 만나서 같이 노래하고 춤추며 놀았던 건 그때가 처음이었지요.

    이야기 나누는 사이에 날이 저물어 어둠이 내려앉았다. 공부방 앞쪽 유리문 밖 산 위로 뜬 별들이 우리 이야기를 귀담아듣는 듯 반짝이고 있었다. 저녁밥과 지평 막걸리를 나누면서 어린 시절 이야기, 왜 교사가 되었고 어떻게 참교육 운동에 동참하게 되었는지에 대한 질문과 답변으로 이야기가 점점 깊어갔다.

이부영은 경기도 수원이 고향으로, 1961년 1월 25일 가난한 소농의 집에서 네 남매 중 셋째로 태어났다고 한다. 여자 이름 돌림자가 '인仁'으로 언니 이름은 '인숙', 동생 이름은 '인순'인데 자기 이름만 '부영富榮'이 된 것은 그가 태어날 무렵 당장 먹을 쌀이 없을 정도로 가난해서 '부자'와 '영화'를 넣어서 지으면 집안이 부자가 될까 싶어서 그렇게 지었다 한다.

그러나 가난보다는 아버지가 평생 술 많이 먹고 가족을 괴롭혀서 울면서 자랐다고 한다. 아버지가 술에 취해서 들어오면 동생은 칼부터 감추었다고 한다. 아버지의 난폭한 술주정을 피해 온 가족이 남의 집 빈방이나 볏짚이 쌓인 창고에 숨어서 지내다가 날이 밝으면 잠든 아버지 몰래 집에 들어가서 가방 들고 학교에 간 적이 수없이 많다고 한다. 그런 아버지를 이해하려고 했지만 대화가 안 돼서 한번은 세 장이나 되는 긴 편지를 썼는데 아버지가 읽어보지도 않고 눈앞에서 갈기갈기 찢어 버렸다고 한다. 종갓집 8남매 맏이인 아버지, 다른 사람들한테는 좋은 사람 노릇을 하면서 어머니와 자녀들한테는 왜 그렇게 대했는지 지금도 궁금하다고 했다.

아버지 때문에 온 가족이 괴롭고 힘들게 지내다가 아버지 연세 64세에 술과 담배로 얻은 후두암으로 세상을 떠났는데 아버지가 돌아가고 나서부터 괴로움에서 벗어났다고 한다. 언니하고 오빠는 폭력을 행사하는 아버지한테 반항하며 대들었지만 이부영과 여동생은 아버지 눈치 보면서 숨죽이고 살았다고 한다.

아버지가 때리면서 학교 가지 말라 하고, 심지어 공부한다고 때리면서 책과 가방을 아궁이에 넣었고, 도서관에서 공부하고 왔다고 하니 삽을 들고 죽인다면서 도망가는 산까지 쫓아온 적도 있다고 한다. 집에서 공부할 형편이 안 돼서 숙제도 이불을 뒤집어쓰고 몰래몰래 했다.

일꾼을 살 형편이 안 돼서 가족들 힘으로만 농사를 지었는데, 아버지가 학교 가는 것은 노는 것이고 학교 갔다 오면 바로 밭으로 나가 일하라고 했다. 노는 날에는 아침 일찍부터 밤까지 밭에서 일했다. 어린이날 하면 지금도 밭에서 일한 생각만 난다고 한다. 아버지는 일을 시키면서도 소리 지르며 혼내고, 밭에서 일하느라 허리가 부러지는 것 같아서 늘 울면서 일했다고 한다. 아버지는 지나가는 사람마다 불러들여 술상을 차리라고 해서 하루에 대여섯 번 술상을 차릴 때도 있었다고 한다.

아버지 때문에 다른 가족들이 너무 고통스러워서 가족끼리 의논 한번 못했고, 누구한테 도움을 요청한 적도 받은 적 없고, 친구와 어울리는 것보다 혼자 지냈다고 한다. 아버지가 유난히 엄마한테 폭력을 행사해서 엄마가 안됐다는 마음에 동생과 함께 어떻게든 엄마를 조금이라도 더 도와주려고 시키지도 않았는데 초등학교 저학년 때부터 밥과 빨래, 집안일을 도맡아 했다고 한다. 엄마도 힘드니 엄마한테 도움받을 생각은 전혀 안 하고 첫 생리도 혼자 감당했다고 한다. 집에서는 일만하고, 또 가난해서 과외나 학원 한번 못 가보고 문제집 살 돈도 없었는데도 공부는 그래도 잘 한 편이었다.

하지만 집안 형편 때문에 고등학교 진학할 때 수원에서 공부 잘하는 아이들이 가는 수원여고를 가지 않고 3년 동안 전액 장학금을 주는 신설 학교로 갔다. 교대에 간 이유도 교사에 대한 사명감이 뛰어나서가 아니라 4년제 대학 갈 형편은 안 되고, 학비가 싸고 다달이 장학금도 주고 2년제였기 때문이다. 어렸을 때 꿈이 교사이기도 했는데 그때는 여자 직업으로 본 것이 학교에 있는 교사밖에 없었기 때문이다.

아버지의 폭력 때문에 늘 고통 속에 살았는데 슬프고 힘들 때마다 찾는 곳이 있었다. 바로 집 주변에 있는 서울농대 실습농장과 잠업시험장이었다. 그곳에 가면 튀어 오르는 개구리와 연못 속에 올챙이들, 갖가지 꽃과 푸른 나무들, 비가 갠 뒤에 돋아나던 버섯 냄새, 새와 나비들을 보면 흐르던 눈물이 쑥 들어가고 마음의 위안이 되었다. 또한 학교에 가려면 농대 실습림 산을 넘고 논두렁과 개울을 지나 20분 넘게 걸어서 가야 했는데, 오가면서 만나는 풀과 나무와 새와 바람과 햇볕이 참 좋았다고 한다.

학교에 가면 공부 잘한다고, 그림 잘 그리고 글 잘 쓴다고 선생님한테 칭찬을 많이 받았고, 대회에 나가 상도 많이 받았다. 초등학교 때는 학교 대표 높이뛰기 선수도 했다. 중학교 때는 RCY와 미술반 활동을 하면서 괴로움을 많이 잊었다. 미술반은 고등학교 3학년까지 했는데, 전국 대회에 나가 상도 많이 탔다. 학교 미술 전시회를 직접 기획, 진행도 했다. 그때 미술반 친구들은 대부분 미대에 진학했다. 미대에 가고 싶었지만 꿈도 꿀 수 없었다. 문예반 친구들과 어울려서 교내 백일장에서 장원도 하고, 수원 시내 고등학생들과 연합해서 시화 전시, 시낭송회도 참여하고, 밴드부 거리 행진 공연 때 쓸 그림을 그리기도 했다. 또 수원공설운동장에서 카드섹션을 했는데 학생들이 들어서 나타낼 카드 모양을 디자인하기도 했다.

여고생 때 학생들한테 함부로 하고, 수업을 제대로 하지 않는 교사가 있었다. 이 교사에 항거하는 뜻으로 친구들 몇몇이 모의해서 그 교사 과목 시험 때 정답을 모두 '가'를 쓰기로 했다고 한다. 그때 그 과목 점수가 학창 시절 유일한 '양'이었고, 주동자는 교련 선생님한테 따귀를 맞다가 고막이 나갔다 한다. 그때 한 친구는 학칙의 머리 규정인 '귀밑 1cm'에 항의하려고 귀 위로 1cm를 자른 적도 있다고 한다. 고3 때 돈을 내고 강제로 진행하는 0교시 보충수업을 거부해서 담임 선생님한테 맞은 적도 있었다고 한다. 정말로 낼 돈이 없는데 맞은 게 억울했다 한다. 그러나 남들 다 하는 0교시와 방과 후 보충수업에 참여하지 않아서 고3 때도 아침에 느긋하게 학교에 갔고 수업 끝나고 도서실과 미술실에서 지냈다고 한다. 중고교 때는 집에 가면 괴로웠지만, 학교에서는 다양한 활동을 하면서 집에서 받는 괴로움을 잊고 지냈다고 한다.

시골 교사가 되고 싶어서 인천교대에 갔는데, 1980년 입학하자마자 정치 상황으로 수업을 거의 못 했다. 교대는 덜 하지만 대부분 4년제 대학은 휴강과 휴교로 수업을 거의 안 했다. 입학하자마자 학보사 기자가 되어서 선배들하고 책을 읽으면서 그동안 아무도 가르쳐주지 않았던 정치 · 경제 · 사회 · 문화 · 교육에 관한 공부를 했는데, 그때 읽은 책 중 하나가 이오덕 선생님이 쓴 《삶과 믿음의 교실》이었다. 그 책에 나타난 학교 교육은 내가 생각했던 학교와 다르게 암울하기 짝이 없었다. 학보사에서 시위 전단 만들고 제물포역 앞 광장, 동인천역 광장, 서울시청 광장에서 최루가스 뒤집어쓰며 시위에 참여하다가 과로로 5월 17일에 쓰러졌다. 급성간염이었는데 하루만 늦었어도 죽었을 거라고 했다. 5·18을 병원에서 맞이했고 한 달 가까이 입원했다. 그때는 신문을 낼 때마다 가인쇄본을 가지고 시청에 가서 검열을 받아야 했다. 검열당해 삭제된 빈칸에는 다른 기사를 넣지 않고 '사필귀정'이란 네 글자를 넣어서 발행하기도 했다.

인천교대 2학년 2학기 종강을 하자마자 구로공단 섬유공장에 들어갔다. 중졸이라고 속여서 들어간 위장 취업이었다. 위장취업 한 까닭은 당시 '공순이'라 불리는 또래 친구들 삶을 체험해보고도 싶었지만, 또 하나는 아버지가 있는 집에 가기 싫어서 숙식하는 공장에 들어간 것이었다. 그런데 12월 31일 밤에 2교대 13시간까지 야근을 하다가 깜박 졸아서 왼쪽 가운뎃손가락이 기계로 빨려 들어갔다. 뼈가 보일 정도도 다쳤는데 몇 바늘 꿰매고 치료를 끝냈다. 그때 제대로 치료를 안 해서 지금도 다친 왼쪽 가운뎃손가락 감각이 돌아오지 않고 아프다. 당시 공장에 있던 친구들은 온몸에 더 큰 상처가 많았다. 발령 소식을 듣고 공장을 나오면서 공장 친구들한테 참 미안했다.

1982년 3월, 교사 발령을 받았다. 무조건 아버지와 떨어져 있고 싶은 마음과 시골 학교로 가고 싶은 마음이 겹쳐서 1 희망지를 강화도로 썼다. 강화도 석모도에 있는 학교에 첫 발령을 받았다. 신규 교사인데 6학년 담임에 서무지금의 행정실 업무, 도서실, 양호지금 보건실, 체육을 비롯한 학교 업무를 거의 도맡다시피 했다. 6학년 아이들은 학교의 일꾼이었다. 학교 일하느라 수업할 시간이 없었다. 이해할 수 없는 일이 참 많았다.

처음 맡은 6학년이 5학년 때, 군 학력고사에서 3등을 해서 담임이 승진 점수를 많이 받는 A급지로 영전했다고 한다. 아무리 봐도 아이들 학력이 형편없어 이상하다고 생각했는데 아이들이 놀라운 이야기를 들려주었다. 학력고사를 볼 때 공부 못하는 아이 몇 명은 학교 못 오게 하고, 공부 잘하는 아이하고 못하는 아이를 짝을 해서 보고 쓰게 했다는 것이다.

그때까지 아버지한테 당하기만 해서 그랬는지 학교에서도 교장한테 당하기만 하면서 울기만 했다. 교장은 가르쳐주지 않고 야단만 치고, 교감은 건강이 안 좋아서 결근이 잦고 출근해서도 당직실에 누워 지내는 일이 많아서, 소사가 교감 선생님 교실에 들어가서 아이들을 가르치기도 했다그때는 교감도 담임했다. 아무도 도와주지 않고 도와달라는 말을 못했다. 운동회 도구나 자료도 동대문 시장까지 혼자 가서 사서 날랐다. 마라톤 할 때는 출발선에서 출발시키고 반환점에 자전거 타고 가서 반환점 도장 찍어주고 다시 달려와서 결승선을 보기도 했다. 학교로 내려

온 예산은 교감 교장이 거짓 간이영수증으로 많이 빼먹고, 사택을 지을 때는 얼마나 부실한 사택이 지어지는지도 지켜봤다. 경리 업무를 보면서 교육 비리도 다 알게 되었다. 이게 아닌데 아닌데 하면서도 크게 저항하지 못해서 마음이 참 힘들었다.

수업 시간에 쓸 학습 도구와 재료가 없어서 월급날이 되면 아이들이 좋아하는 축구공, 야구 장갑과 방망이, 공과 학급문고 책을 샀다. 월급날은 아이들과 요리해 먹는 날이기도 했다. 해마다 장만한 학급문고와 학습도구와 재료 때문에 다음 학교로 전근 갈 때 이삿짐 2.5톤 트럭으로 짐을 싣고 가기도 했다.

강화도 섬 학교에서 2년을 보내고 남양주에 있는 천마산 밑에 있는 역시 6학급짜리 학교에서 2년, 모두 4년 동안 학교에서 볼 수 있는 비리라는 비리는 모두 경험했다. 그러면서 대학 때 읽었던《삶과 믿음의 교실》이 생각났고, 책에서 읽었던 학교보다 당시 학교 현장이 더 심하다는 걸 알게 되었다고 한다. 당시 학교 비리를 견디다 못해 사표 낸 교대 선후배 동기가 많았는데, 이부영도 차라리 공장에 가서 일하는 게 낫지 학교에 있을 수가 없다는 생각이 들었다고 한다.

사표를 낼 생각에 번민하다가 대학 때 읽은《삶과 믿음의 교실》을 쓴 이오덕 선생님한테 무작정 편지를 썼다. 학교가 내가 생각한 학교가 아니라고. 너무 힘들어서 학교를 그만두려고 한다고. 이오덕 선생님한테 답장을 받으리라는 생각 없이 힘든 마음을 써 보냈는데 바로 답장이 왔다. 얼마나 힘드냐고. 잘하고 있는 거라고. 힘이 나서 답장을 보내면 바로 또 답장이 왔다. 그러면서 여름 방학 때 안동에 있는 연수에 오라고 했다. 이때부터 방학 때마다 이오덕 선생님이 진행하는 연수에 참여하면서 이오덕 선생님의 참교육 운동에 공감하고 동참하게 되었다.

1987년에 서울 교사가 부족해서 지방 교사 가운데 서울에 주소가 있으면 서울로 전입할 수 있었다. 결혼하면서 주소가 서울로 바뀌어 있었기 때문에 서울로 전입했다. 서울 와서 바로 아이 낳고 4년제 서울교대 야간을 다니고, 복잡한 집안일에 신경 쓰느라 한국글쓰기교육연구회 모임에도 나가지 못했다. 그러다 1991년 서울교대 졸업전시회를 앞두고 과로로 인한 급성 신우염으로 입원했다. 그해 6월에 아버지가 돌아가시고 이어서 이혼을 하게 되었다. 정신을 차리고 보니 알고 지내던 교사들 대부분이 해직되어 있었다. 해직된 분들에게 미안해서 전교조에 가입했다.

그동안 교사로 살아온 삶을 돌아보면 이오덕 선생님 책《삶과 믿음의 교실》과 편지가 전환점이다. 그리고 글쓰기 회원들, 윤구병 실험학교 이야기에서 힘을 얻었다. 여름방학과 겨울방학 때 연수를 가서 교사들을 만나고 오면 힘과 용기가 생겼다. 그때 자연을 대하는 태도, 아이들을 대하는 태도, 교육을 보는 눈과 태도를 배우고 익혔다. 또 부당하거나 불의에 맞서는 힘도 얻고 바로잡는 방법도 알게 되었다. 그 결과 학교 비리에 눈감지 못하는 '벌떡교사', '쌈닭'이 되고, 늘 '왜요?'로 학교 관리자한테는 '골치 아픈 교사', '문제교사'가 되었다. 방과 후 활동 중에 학교 운동장에서 아이들과 같이 옮기던 축구 골대가 넘어지면서 축구 골대에 아이가 깔려 죽은 사건이 있었는데, 이를 계기로 전교조 분회원 선생님들과 학부모와 함께 학교운동기구안전조례를 만들기도 했다. 일제고사 반대 운동에도 참여했다. 이렇게 학교 비리에 맞서 싸우고, 뜻이 맞는 교사들과 함께 혁신학교를 만들 때와 지금 꿈의학교를 운영하는 것도 모두 이오덕 선생님께 배운 것들이다.

2010년 교육감 선거에서 혁신학교를 추진하겠다는 공약을 내세운 곽노현 교육감이 당선되어서 그동안 배운 것과 경험을 바탕으로 뜻을 같이하는 교사들이 모여서 서울특별시교육청 첫 번째 혁신학교인 서울

강명초등학교를 만들었다. 혁신학교 5년 동안 상상만 했던 교육을 대부분 실천했다. 이부영에게는 이 5년 동안이 교사로서 가장 행복했던 시간이었다고 한다. 이부영이 실천한 혁신학교 이야기도 많이 들었으나 '멈출 수 없는 행복한 교육 혁명'이라는 부제가 달린《서울형 혁신학교 이야기》[3]에 더 자세한 실천기록이 들어가 있으므로 생략한다.

　일놀이공부연구소에서 하룻밤 잤다. 이부영이 인근 학교 초등학교 1학년 교실에서 할머니 네 분을 1주일에 이틀 가르치는데, 마침 그날이라면서 일찍 출근한다고 나서는데 아침 안개가 자욱해서 몇 걸음 앞도 안 보였다. 김민곤과 김광철도 일이 있다면서 이부영 출근길에 따라나섰다. 혼자 자욱한 안개 속으로 녹아들 듯 사라진 교실을 꼼꼼히 살펴보았다. 우선 책꽂이에 가득 찬 책 가운데 학급문집과 저서를 꺼내 놓으니 책상 위에 가득하다. 학급문집 20여 권 이름에는 '하늘'이 들어간 제목이 많았다. 저서도 10여 권 되었고, 공저도 20여 권이 넘었다. 컴퓨터 자판 글씨가 지워져서 몇 번 바꾸었다고 하더니 실감이 난다.

　이 구석 저 구석 자료를 꺼내다 보니 미술 관련 책이 많다. 전국미술교과모임과 문화연대 공저와 한국미술교육학회 회지에 쓴 글들을 보니 초등 미술교육에 끼친 영향 또한 상당하다는 것을 알 수 있었다. 상패 중에서는 '오마이뉴스 교육 부문 시민기자상'이 돋보였다. "귀하는 뉴스 게릴라로 활동하면서 은근과 끈기로 온갖 고난과 영광을 함께했습니다. 2010년 2월 20일." 예전에 현장에서 아무리 교육 문제가 있다고 이야기해도 마이동풍이던 많은 사안이 오마이뉴스로 나가면 고쳐지는 경우가 많았다고 하더니 얼마나 많이 열심히 썼으면 이런 상패까지 받

---

3. 이부영, 《서울형 혁신학교 이야기》, 살림터, 2013.

저서와 연수 명찰들

왔겠나 싶다. 연수 명찰 바구니가 있어 쏟아놓으니 마룻바닥에 가득하다. 교육 관련 온갖 연수와 공청회와 포럼을 다 돌아다닌 듯하다. 참교육 연수, 슈타이너 연수, 교과 연수, 환경 연수, 멘사MENSA 회원 명찰까지 있다. 언제 멘사 회원 시험까지 합격했나 싶다. 이 명찰을 늘어놓고 이야기를 들어도 좋은 교육 역사가 될 듯싶다.

이부영이 점심 무렵 돌아왔기에 초등학교 1학년 할머니들과 공부하는 이야기를 들었다. 글쓰기 회보에 5월부터 어느새 여섯 번째 연재하고 있어 그 흐름을 알고 있으나 직접 들어보고 싶어서다. 네 분이 1학년에 입학해서 공부하는데, 두 분은 한글을 모른다. 그분들은 그동안 자기 이름도 못 쓰고 살았다고 한다. 글씨를 모르니 답답해서 배우고 싶었는데 배울 기회가 없었다고 한다. 할머니들 손가락이 굳어 연필 잡는 것도 힘들었는데, 조금씩 나아지고 있어서 기쁘다고 한다. 일주일에 이틀 가서 하루 4시간씩 8시간 가르치고 있는데. 주로 한글 익히기 위주로 한단다. 노래해 보고 글로 쓰기, 내 이야기해보고 글로 써보기, 놀이 이야기하고 써서 읽어보기를 한다고 했다. 무엇보다 책을 읽게 되었다고 너무 좋아하시는 모습을 보고, 일놀이공부연구소에서도 마을 할머니들과 책도 읽고, 글씨도 쓰고, 그림도 그리고, 노래도 부르고, 자기 이야기 쓰기도 하면서 즐기는 일도 해야겠다고 생각한다고 했다. 앞으로 일놀이공부연구소에서 아이들을 일정 기간 돌봐주는 일을 하고 싶고, 전현직 교사가 와서 쉬거나 공부하는 장소로 제공하고 싶다고도 한다. 지금도 오는 교사가 꽤 있다고 한다. 그래서 민박 사업자 등록도 해놓았다고 사업자등록증을 보여준다. 현재 양평글쓰기회 모임을 월 2회 하고, 방정환 공부 모임도 월 1회씩 한다고 한다. 학교에서는 62세가 정년이지만 아이들하고 만나는 교사의 삶은 70이건 80이건 건강하기만 하면 계속할 수 있으니 즐거운 삶이라고 한다. 길고양이도 20여 마리가 와서 밥을 먹고 간다. 어제 새로 온 고양이가 새끼고양이 4마리를 데리고 왔다. 벌레도 많이 살고, 새도 많이 온다. 이렇듯 일놀이공부연구소가 아이들은 물론 뭇 생명까지 키우는 곳이 되어서 즐겁다고 한다. 퇴직하고 스스로 만든 작은 우주에서 큰 삶을 즐기고 있는 이부영의 배웅을 받으며 돌아서는 내 발걸음도 즐거웠다.

박종호

글_김민곤

시대의 아픔과 희망을 연주하며
교육에 꽃을 피우는 기타리스트

박종호 선생과 나는 '얼숲facebook'에서 처음 만났다. 청주에 살면서 해직 두 번, 암 투병 두 번 겪었다고 자기소개를 한 고전 기타 연주가 박종호 선생이후 호칭 생략이 올리는 글과 기타 연주가 내 시선을 끌었다. 충북은 내 젊은 시절 유배당한 인연이 있는 지역이라 친근감을 준다. 2016년 10월 그는 클래식 기타 콘서트 '古木에 피는 꽃 2'에 나를 초대했다. 시절이 수상하여 하필 연주회 당일 첫 촛불시위가 열렸다. 나는 아내가 내린 지엄한 명령에 따라 청주행을 포기하고 소라광장에서 촛불을 들었다.

　촛불이 바꾼 세상 속에 세월이 훌쩍 건너뛰었다. 작년 11월 우리 주인공은 코로나 역병이 잠시 주춤한 틈을 타고 '古木에 네 번째 꽃'을 피웠다. 나는 만사를 미루고 연주회에 갔다. 청주문화제조창 공연장 입구에서 우리는 처음 대면했다. 마침 자전거 안전모 차림으로 도착한 고흥수 선생초대 충북교협 회장, 연주회 동영상 촬영 담당과 셋이서 기념사진을 찍었다. 연주회장은 만석이었다. 세종과 충북 교육감도 참석했다. 연주회가 끝나고 뒤풀이 참석 안내 방송을 들었지만 길이 멀어 일어섰다. 세종시 교육감 차를 타고 고속버스 종점으로 오면서 물었다. "박종호 선생은

왜 두 번이나 잘렸어?" "교장을 잘못 만나서 그렇지 뭐."

이튿날 '얼숲'에서 연주자는 뒤풀이 참석도 안 하고 가버린 나에게 아쉬움을 토로했다. 나도 무척 아쉬웠다. 궁금증도 풀어볼 겸 해서 다시 가서 만나봐야겠구나. 2022년 1월 17일로 취재 방문 날을 잡았다.

주인공이 사는 마록산방馬鹿山房은 오창에 있다. 시골 동네가 2005년부터 오창과학산업단지가 조성되어 주요 대기업과 중소기업이 입주하면서 2020년 인구 7만 명을 넘어서는 '대읍'이 되었다. 청주 북부 버스 종점에서 길라잡이 권영희 선생을 만났다. 시 낭송 달인이라고 소개받았다. 주인공은 '마록닭장' 앞에서 방문객을 맞이했다. 100평 정도 텃밭이 있었다. 닭장 안에는 토종닭, 백봉오골계, 청계 등 암탉 일곱 마리를 수탉 한 마리가 거느리고 산다. 구운몽九雲夢에 나오는 8선녀와 성진 같이 여긴단다.

오창 제일 순댓국집에서 취재에 들어가 기본 신상부터 털었다.

살림이 포실한 농가에서 태어나 청주고를 졸업하고 1974년 공주사대 국어교육과에 들어갔다. 유신체제가 맹독을 내뿜던 당시 공주사대에서 벌어진 '금강회'나 '극단 상황' 사건도 전혀 모르고 다녔다. 학생운동 한다고 '설치는' 선배들을 보고는 "너희, 뭐 하는 놈들이여? 무슨 저런 또라이들이 있어!"라고 했을 정도로 세상사에 몽매했다.

절대음감을 가진 어린이

"초등학교 3학년 때 취주악대에서 하모니카를 배웠어요. 그때 음을 듣기만 하면 바로 계명이 떠올라 악보로 그릴 수 있는 능력이 있다는 걸 알게 되었지요. 도종환 선생이 살던 보은 '구구산방' 숲에 '라솔솔미'로 우는 새가 있어요. 검은등뻐꾸기인데 보통 '홀딱벗구 새'라고 합니다. 그 테마로 〈홀딱벗구 새〉를 작곡해서 '古木에 피는 꽃3' 무대에 올렸지요."

고등학교 1학년 봄에 트럼펫을 불고 싶어서 밴드부에 들어갔다. '빳다'와 술 담배가 일상인 분위기에 질려서 나가겠다고 하니 음악 선생님이 '빳다' 100대를 쳤다. 나온 후에도 강당 뒤에 숨어서 밴드부 연습을 들었다. 나중에 통기타를 잘 쳐서 대학 신입생 환영 연주회 무대에 올라 〈아침이슬〉을 연주했다.

그러다가 박종호는 우연히 〈Spanish Fandango〉를 듣고 클래식 기타에 매료됐다. 무작정 한국기타연주가협회장 김금헌 선생에게 장문 편지를 써서 '무료 사사' 허락을 받았다. 매주 서울 낙원동에 가서 배웠다. 실력이 늘면서 1976년 고전기타연구회 '칸타빌레cantabile'를 만들었다.

"나는 순수음악 파라서 초기에 칸타빌레에 운동권 후배가 생기면 강하게 제재했지요. 그러던 내가 나중에 전교조 교사가 되고, 칸타빌레는 공주대 운동권 산실이 되었으니 이것도 운명이죠. 교육운동 동아리는 대부분 사라졌지만 칸타빌레는 지금도 잘 굴러가유."

4학년 때 세종문화회관 클래식 기타 대축제 참가 권유를 받았는데 ROTC 쌍쌍파티와 같은 날이라 아리따운 여학생 만날 욕심에 끌려 못 갔어요. 내 운명을 바꾸었을지도 모를 두 갈래 길이었는데……."

교단생활 12년에 두 번 당한 해직

박종호는 1980년 20사단에서 육군 중위로 제대했다. 군에서도 기타

박 종 호 선생님

1. 박종호 중위
2. 초임학교였던 충북 단양
   영춘중학교 소풍
3. 졸업앨범 속 박종호(1989)
4. 충주여고 아마빌레 연주회
   지휘

를 손에서 놓지 않았다. 영화 〈로미오와 줄리엣〉 OST를 기타로 편곡한
것도 그 시절이다. 일과가 끝나면 소대원들에게 〈알함브라 궁전의 추억〉
같은 명곡들을 연주해주었다.

제대 직후 발령받은 학교가 충북 단양 영춘중학교였다. 피아노는커
녕 풍금도 한 대 없는 산간 오지 학교였다. 혈기 방장한 청년 교사는 일
요일에 예고 없이 학교를 방문한 부교육감에게 풍금 이야기를 했다. 다
음 날 교장한테 엄청 혼이 났다. 며칠 후 교장이 다시 부르더니, '박 선
생 덕분에 학교에 풍금이 생겨서 고맙다'고 칭찬했다. 당시 단양에는
남한강 수석과 분재가 유행했다. 박종호는 아끼던 회양목 분재를 충주
MBC 사장에게 선물했다. 학교에 피아노 한 대가 답례로 왔다.

1983년 충북에서 학력 최고인 충주여고에 부임했다. 문예반을 맡은

중에 고전 기타반을 만들었다. 이름은 '아마빌레amabile-사랑스럽게', 칸타빌레와 같은 각운이다. 여고생들이 문학과 음악을 공부하면 얼마나 사랑스러울까! 싶었다. 방과 후에 아이들을 붙잡고 열성으로 가르쳐 해마다 정기연주회를 열었다. 학교 밖에서는 동호인들을 규합하여 예현기타합주단을 창단하고 충주 KBS 등에서 활발하게 연주 활동을 했다.

일행은 산방으로 돌아와 본격 대담을 시작했다. 대문에 '뉴 스타트'라고 쓴 표지가 붙어있고 담에 예서체로 '마록산방'을 돋을새김했다. 마당에서 '촌놈푸들'이 살갑게 맞이한다. 대문 옆 차고에는 토마토 캐닝 포장 상자가 쌓여있다. 벽에 정원용 농기구가 가지런히 걸려있다. 유명한 야생화들은 겨울잠에 깊이 빠져있다. 집에 들어서면서 막 외출하는 사모님과 인사를 나누었다. 충주여고 재직 시절 결혼하여 초등 교장으로 퇴임했다고 한다.

마록산방은 암 환자들 소통 공간이고 작은 공연장이다. 당호는 '고라니가 함께 하는 집'이라는 뜻이다. 지록위마指鹿爲馬 하는 무리에 대한 경계의 뜻도 담았다.

거실에 들어오니 황토벽이 둘러싼 공간이 편한 느낌을 준다. 서쪽 벽에 기타 두 대를 기대어 두었고, 그동안 진행한 연주회 포스터가 붙어 있다.

지은 지 10년 됐다. 강철 기둥으로 골조를 짜고 나머지 구조물은 모두 흙, 돌, 나무로 만들었다. 내상을 입은 몸이 건강한 기운 받으라고 신경을 쓴 거다.

두 번이나 해직당한 사연부터 들었다.

충주여고에서 5년 만기를 몇 달 앞두고 '스캔들'이 생겨 1987년 5월 18일 자로 무극중학교로 전출되었다. 거기서 내 인생을 바꾸게 된 책 하나를 만났다. 황석영이 채록한 《죽음을 넘어 시대의 어둠을 넘어》풀빛, 1985였다.

"운동장에서 몰래 두세 시간 읽고 교무실로 돌아오니 내 눈이 이상하다고 해요. 거울을 보니 진짜 내 눈동자가 뒤집혀 있네요. 우리 부대가 최종 진압한 '광주' 이야기와 정반대였거든요. 무엇이 진실인지 알고 싶어 목이 탔어요."

1987년 현충일 연휴에 6월 항쟁 일어나는 줄도 모르고 박종호는 '광주의 진실'을 확인하기 위해 망월동 공동묘지로 갔다. 제3묘역 중1 여학생 사연을 읽고 엎어져 통곡했다. 진실을 거꾸로 알고 살아온 게 부끄러웠다. 그 자리에서 죽고 싶었다. 기타리스트에게는 생명 같은 왼손을 바위에 마구 찧었다. 왼손 무명지 손가락뼈는 지금도 함몰되어있다. 한밤중에 묘역에서 우연히 만난 두 청년이 응급 치료를 받게 하고 재워주었다.

다음 날 금남로 역사 현장을 안내해주고 5·18 화보집과 비디오테이프에 기차표까지 사주었다. 광주를 보는 눈이 180도 달라져 학교로 돌아왔다.

박종호는 사진과 5·18화보집을 아이들에게 보여주었다. 군기로 충만하던 육군 장교 출신이 의식화 교사가 되었다. 그날 이후 수업은 국어과 선배인 교감을 통해 당국에 보고됐다. 곧바로 박종호는 음성경찰서 정보과 감시 대상 2순위에 올랐다. 박종호는 당시 학교 분위기를 알 수 있는 일화 하나를 들춰내었다.

"내가 사서 담당이었는데 학교 도서실에 읽을 만한 책이 너무 없는 것을 보고, 돈 좀 있는 졸업생에게 사정하여 100만 원을 기부받았지요. 좋은 단행본을 비치하고 싶어 퇴근 후엔 충주 큰 서점에서 석 달을 살았어요. 그렇게 만든 구입 도서목록 결재를 올렸더니, 교감이 '박 선생, 《접시꽃 당신》실천문학사, 1986은 빼지.' 그래요. '마부장 가랑이 밑을 기어간 한신'의 심정으로 접시꽃을 빼고 '양서' 수백 권을 서가에 비치했지요. 《접시꽃 당신》은 내 돈으로 사서 꽂아 두었지요."

날카로운 첫 키스의 추억

6월 항쟁 승리 후, 무극중학교에서 학교장 독재에 불만이 터졌다. 퇴근길 막걸릿집 회동에서 다섯 명이 결의하여 행동에 돌입했다. 학교 운영 개선안 7개 요구를 담은 건의서를 만들어 전 교사에게 돌렸다. '남교사 넥타이 강요하지 말 것, 여교사 치마 강요하지 말 것, 수업 중 교실에 쑥 들어와 고함치지 말 것학생을 까무러치게 한 적 있음, 수학 여행비 운영을 투명하게 할 것' 등이었다. '인조인간' 같던 교사들이 대부분 서명으로 동참했다. 주동자를 탐색하던 교장이 긴급 교직원 회의를 소집하여 '항복 선언'을 발표했다. "앞으로는 학교 행정을 선생님들과 상의해서 민주적으로 운영하겠습니다." 충북 3대 악질 교장에 포함되던 이였다. 이 사건은 충북 교육운동사에서 '무극중학교 5인방 사건'이라는 이름을 얻었다.

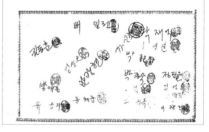

"내 삶을 송두리째 바꿔놓은 운명의 서곡이었지요. '날카로운 첫 키스의 추억'이 없었다면 나는 지금쯤 교장이나 교육장을 거치고 넉넉한 연금생활자로 살고 있겠지요."

참교육을 염원한 국어 교사 박종호는 1989년 상반기 도종환, 김병우 현 충북 교육감 등과 힘을 모아 충북 국어교사모임을 만들기도 했다.

전교조 결성 당일 1989년 5월 28일 박종호는 새벽에 집에 찾아와 상경을 말리는 교감을 버럭 소리쳐 쫓아버리고 서울로 갔다. 한양대 앞에서 '대머리를 선용하여' '장학새'와 '짭새'들 틈에 있다가 앞으로 성큼 나가 일장 연설을 했다. "전교조 창립대회를 막으러 이 자리에 온 당신네, 역사에 부끄러운 줄을 알아라." 덤비는 사람이 아무도 없었다.

충북교육청 '문제 교사' 명단에 오른 박종호는 1990년 2월 감곡중학교로 직권 내신을 당한다. 그 학교 근무 석 달 만에 육성회 임원들의 농간에 말려들어 정직 3개월 징계 처분을 받았다. 정직이 끝나고 삼성중학교로 복직했더니 3분의 2가 분회에 가입하여 '해방구'가 됐다. 충북에서 가입률이 가장 높았다.

전교조를 와해하기 위해 정권이 무자비한 탄압을 자행할 때 음성군 지회는 조직을 보존하기 위해 '전 조합원 탈퇴 전술'을 채택했다. 교사협 시기부터 지회를 주도한 박종호의 계책이었다. 탈퇴 압박이 극심할 때 삼국지와 손자병법이 떠올랐더란다. 36계 주위상走爲上, 적이 강하면 피하는 것도 상책이다.

전국에서 1500명 넘는 교사가 목이 잘렸다. 충북에서도 34명이 해직을 택했다. 전교조 합법화와 해직 교사 원상복직 투쟁이 전국에서 뜨겁게 전개되던 1991년에 박종호는 음성지회장을 맡아 해직 교사 생계 지원 굴비 판매 사업도 치열하게 벌였다. 그러나 당국 감시 1호가 된 박종호는 '숙직 중 음주'를 징계 사유로 하여 1992년 7월 졸지에 해임됐다.

해직된 후 그는 학원 강사로 살았다. 차츰 수입도 늘었다. 1998년 2차 복직 시기에 복직 의향을 묻는 전화를 받고 '내가 돈벌이하려고 사대 갔나 싶어서 10년 만에 복직하는 도종환 지부장과 함께 서류를 작성했다. 복직한 학교는 제천여고였다. 그런데 예기치 않은 사건이 생겼다. 그해 가을 소풍 다녀오는 버스 안에서 술 마신 애들 몇을 지도했더니 선생님이 '팼다'고 몇 명이 고발했다. 또 징계에 부쳐졌다. 다른 학생

도종환과 박종호(왼쪽)와 스승의 날 전교조 충북지회(오른쪽)

들은 선생님을 옹호하는 진정서를 만들어 올렸지만 결과는 해임이었다.

박종호는 취재진에게 회한이 어린 낮으로 이런 말을 했다.

"4년 전에 당시 가르친 한 학생이 아이를 안고 우리 집에 찾아왔어요. 19년 만이었지요. 나를 인터넷에서 찾아냈대요. 반갑게 이야기를 나누던 중에 그때 선생님을 고발한 그 학생들은 '노는 애들'이었다고 합디다. 사실과 진실은 어긋나는 경우가 흔하지요."

두 번의 암 발병과 치유 활동

또 해직된 그는 다시 논술학원을 시작했다. 원하던 삶은 아니었다. 일에 스트레스를 많이 받아 수면제 없이는 잠을 자기도 어려웠다. 고혈압, 우울증, 부정맥, 눈물샘 고장, 간경화, 고지혈증, 치질, 니코틴 중독, 알코올 중독, 이석증, 만성 비염, 만성 위염, 장염 등 온몸이 종합병동이었다.

2011년 봄 뜻밖의 교통사고를 당해 입원한 병원에서 검사를 받다가 신장암이 발견됐다. 다행히도 초기였다. '콩쥐 팥쥐' 중 하나를 떼 냈다. 1년 만에 또 방광암 수술을 받았다. 두 번 해직과 두 번의 암 수술 충격으로 몸과 마음이 만신창이가 됐다.

"불면증과 고통을 술로 달래다가 몸이 다시 망가졌어요. 늦게 자고 늦게 일어나고 무절제한 생활이 계속됐죠. 가족들도 포기 상태였어요. 현관에서 대문까지 걸어갈 수도 없을 정도였어요. 살아볼 의지도 희망도 없어졌지요. 풍전등화와 같은 상황에서 교회 다니는 동네 분들 권유로 경남 하동 '벧엘수양원'에 가게 됐는데, 도착한 날 하느님을 만났어요. 원장님 눈빛이 내 가슴을 치더라고요. '사랑이 바로 하느님이구나.'라는 깨달음을 얻었지요."

요양원에 입소한 지 4일 만에 약을 안 먹고 혈압이 정상으로 돌아왔다. 믿을 수 없는 사실 앞에서 놀라움을 금치 못했다. 15년 동안 복용했던 수면 안정제를 끊고 6일째부터는 편히 잘 수 있었다. 이후 6개월 동안 전국 요양원을 섭렵했다. 치유가 일어난 후로는 거리를 불문하고 열심히 봉사활동을 다녔다. 요즈음은 충북 보은에 다니엘 빌리지가 생겨 주로 거기 다닌다.

토마토 캐닝과 '뉴 스타트' 운동

박종호는 자신이 겪은 놀라운 일을 사람들에게 알리고 싶었다.

"2012년 겨울 봉화 마라 뉴 스타트에서 100일 동안 영과 육을 담금질하던 중 내가 느끼기에도 놀라울 정도로 변화가 생기자 새로운 욕구가 일어났어요. 뉴 스타트를 생활에 철저히 적용하니 이렇게 놀라운 변화가 몸에 생기더라는 사실을 널리 알리고 싶었어요. 궁리 끝에 2013년 이른 봄 마록산방 정원에서 '달빛음악회'를 열어 내 회복 과정을 들려주었답니다."

'뉴 스타트 N.E.W.S.T.A.R.T.'는 Nutrition적절한 섭생, Exercise적절한 운동, Water맑은 물, Sun light햇빛, Temperance절제, Air맑은 공기, Rest적절한 휴식, Trust in God신앙, 도, 불성, 본성 깨닫기를 생활 원칙으로 삼아 건강하게 살자는 운동이다.[1]

"내 건강 회복에 효자 노릇을 한 식품이 바로 토마토 캐닝인데, 봉화에서 처음 마셔 보고는 퇴원하고 나서 직접 만들어 먹고 블로그에 올렸더니 소문이 나서 MBN 〈천기누설〉 2014. 5., 채널A 〈닥터 지바고〉 2018. 3., JTBC 〈알짜왕〉 2018. 11. 채널A 〈신대동여지도〉 2019. 6 등 여러 방송사에서 내 이야기를 방영했지요. 특허를 내어 생산 판매를 하는데 매달 순수익이 50만 원 정도 됩니다. 연금이 한 푼도 없는 내 생활에 가장 큰 수입이지요. 암 환우들이 주로 주문하는데 이것은 좋은 음식 중 하나일 뿐 치료제가 아닙니다."

박 선생은 우리 취재진을 '비밀 창고'로 안내했다. 거기에는 2014년에 병에 담은 토마토 병조림이 생생하게 들어 있었다. 비밀은 유리병에 있다고 했다. 이렇게 보관한 토마토즙을 샐러드를 비롯한 여러 음식에 섞어 날마다 먹고 있다.

---

1. http://blog.naver.com/canta1976/220242732727 "음악과 함께 하는 건강 기별"

음악 인생과 〈고목에 피는 꽃〉

절대음감을 지니고 고전 기타에 매료된 박종호는 평생 클래식 기타와 함께 살고 있다. 그는 자신이 지닌 '달란트'를 두루 나누고 싶어 한다. 그가 교직에 오래 봉직했다면 충주여고 아마빌레와 같은 고전 기타 동아리가 여러 학교에 생겼을 것이다.

그는 40대 초 잠시 기타를 접은 적이 있다. 값비싼 기타를 부수어 버렸다.

"우리 민족음악도 잘 알지 못하는 주제에 서양음악에 빠져 산다는 것이 부끄럽다는 생각이 들었어요. 그때 김시천 선생 시인, 전교조 해직 교사 이 충고하더라고요. 서양악기로 우리 곡을 멋지게 연주하면 될 것 아니냐! 그래서 다시 기타를 잡았지요. 그 기세로 만든 곡이 〈아리랑 주제에 의한 변주곡〉이에요. 인공 하모닉스, 캄파넬라, 아르페지오, 슬러, 단조, 탐보라, 허밍 코러스, 트레몰로, 라스갸도 등 내가 아는 연주법을 다 동원해서 변주곡 형태로 편곡한 작품입니다."

박종호는 두 번째 해직 후 '이제 끝이구나.' 절망하며 근근이 살았다. 논술전문학원을 하면서 돈은 좀 벌었지만 희망을 품기 힘들었다. 선배들이 "종호, 너 뭐 한다더니 지금 뭐 하고 사냐?" 하는 말에 자극을 받았다. 불경에 나오는 '고목생화 枯木生花'라는 말이 떠올랐다. '나는 아직 죽을 때가 아니다. 뭔가 보여주겠다.' 그 결심으로 박종호 클래식 기타 연주회 〈고목에 피는 꽃〉 2007. 9. 5. 청주 예술의 전당 소공연장을 열게 되었다. 청중 식사를 비롯하여 비용 전액을 자비로 부담했다. 당시 초청 인사말에 그의 심정이 담겨있다.

잘 살고 싶었는데 현실의 무게에 눌려 결국은 비포장도로처럼 울퉁

불퉁해진 모습을 봅니다.

삶과 음악이 어울리지 못하여 귀에 거슬리는 소리가 들립니다. 하지만 구부러진 냇물에 물고기가 많고, 구부러진 길이기에 산을 품고 마을을 품어 넉넉하듯 저도 業의 수레를 끌고 작은 굽이 하나 돌아갑니다. 이제는 지천명 知天命 고개 넘어, 담담히 바라보아야 할 때쯤 고목에 다시 꽃을 피웁니다.

첫 공연에 충주여고 아마빌레에서 유난히 기타를 잘 치던 제자를 어렵게 찾아내어 무대에 함께 섰다. 세월의 벽을 넘어 격조 높은 춤곡, 〈마주르카〉를 협연하는 동안 만감이 교차했다. 공연은 대성공이었다. 자신감이 생겼다. 이런 자각이 왔다. '아, 내가 더불어 사는 사회적 인간이 됐구나.'

박종호는 정기연주회를 하려고 했으나 뜻하지 않은 긴 투병기를 거쳐야 했다. 첫 공연 후 9년만인 2016년에 고목에 두 번째 꽃이 피었고10. 29. 국립청주박물관 청명관, 2018년에 세 번째 꽃을 피우고, 2021년 11월 네 번째 연주회를 열었다. 매번 공연에는 기악, 국악, 성악, 춤, 시 낭송 등 인연 맺은 여러 벗이 우정 출연해주었다.

음악을 보는 관점과 연주 활동

박종호에게 음악이란 고난도의 곡을 뼈 빠지게 연습하여 무대에 올리고 청중이 치는 '눈치 박수'에 혼자 흡족해하는 게 아니라, 듣는 사람과 함께 호흡하며 즐거워하는 것을 진짜로 친다. 音樂이라는 말 그대로 소리를 통해 스스로 즐겁고 듣는 사람에게도 즐거움과 감동을 줄 수 있다면 부와 권력보다 못할 게 무엇이랴. 진정 인생을 헛되지 않게 살았다고 자신할 근거가 아닐까?

이런 관점을 지닌 클래식 기타 연주자는 연주 환경이나 형식에 구애받지 않는다. 자기를 원하는 곳은 가리지 않고 기꺼이 발품을 판다. 남사당 광대나 판소리 고수처럼, 들이든 산이든, 각종 투쟁 현장과 집회장, 요양 시설이든 기타를 들고 앉으면 무대요 서면 공연장이다.

촛불시위, 세월호 참사 규명과 순직 동문 추모비 제막식, 성주 사드 철거 시위, 6월 항쟁 기념집회, 공주사대 민주동문회 민통선 철조망 공연 행사, 홍범도 장군 국립묘지 안장식, 10·4 남북공동선언 기념행사 등 각종 사회 문제에 적극적으로 참여한다. 에스파냐 기타 연주 여행도 다녀왔고, 2019년 북·미 회담이 열린 하노이에 가서 회담 성사를 기원하며 베트남 민요, 〈직녀에게〉〈아리랑 변주곡〉을 연주했다. 악기는 하노이 페친 기타리스트 Hien이 도왔다. 회담에서 '빅딜'이 나오면 24시간 거리 공연을 할 작정이었다.

박종호는 우리 사회 민주화와 겨레가 겪는 분단 체제 극복을 간절히 염원한다. 촛불시위 기간 내내 마록산방 하늘정원에 '박근혜 내려와' 펼침막을 내걸었다. 둘째 아들 이름도 '한누리'로 지었다. "나 죽은 뒤/ 이 나라 땅이/ 식민의 너울 벗었거든"으로 시작하는 〈앉은뱅이 민들레〉_{도종환 시 박종호 곡}는 즐겨 연주하는 곡이다.

이렇듯 열심히 활동하는 박종호를 박근혜 정부는 이른바 '문화계 블랙리스트'에 올려놓았다. 문재인 정부는 2021년 우리 주인공에게 '일반음악분야 예술활동증명 확인서'를 발급해주었다. 이 증명서로 누

1~2. 것대산 산정음악회
3. 6월 항쟁 34주년 청주 기념식 연주
4. 성주 사드 반대 집회 연주
5. 세월호 참사 4주기 추모
6. 촛불시위(2017. 2. 6 청주)
7. 방송민주화 문화제 공연(2017. 9. 15)
8. 예술활동증명 확인서

1. 마록산방 3·1절 풍경
2. 청남대 전두환 동상 철거 촉구 집회 연주와 연설
   (2021. 7. 1)
3. 황석영 선생에게 오월가 연주 헌정
4. 소녀상 옆에서 연주
5. 홍범도 장군 안장식 연주회(2021. 8. 14)
6. 동문 기림비 제막식 연주(2021. 10. 30. ⓒ 한상천)

릴 이권은 없으나 공연예술가에게 일종의 명예와 자긍심을 주는 공인서다.

음악으로 투쟁하는 박종호의 음악 생활에도 큰 변화가 찾아왔다.

"70년대 이후 지금까지 줄곧 좋아한 장르는 클래식 협연과 세미클래식, 클래식 기타 음악, 7080세대의 포크송 등이었다. 트로트뽕짝는 결벽증일 정도로 싫어했다.

병든 몸 치유 과정에서 교회음악을 자주 접하게 되면서 무엇보다도 찬미가와 복음성가를 많이 듣고 부르고, 교회 예배와 요양원 음악 봉사활동을 할 때 기타로 반주하면서 음악 세계가 자연히 교회음악 쪽으로 기울었다. 2013년 1월, 내륙 오지인 봉화에서 푹푹 쌓인 눈 속에 영과 육을 담금질하던 시절, 하나님과 소통하는 통로가 갑자기 막혀버려서 굉장히 힘들었던 적이 있다. 불완전한 사람을 믿지 말고 하나님을 믿으라는 주변의 도움 말씀을 듣고 정신을 수습할 즈음에 복음성가 〈You raise me up〉과 〈누군가 날 위해 기도하네〉를 만났다. 악보를 보고 연주용으로 편곡을 하며 노래를 부르다가 혼자서 엄청나게 울었다. 힘든 요양 생활 속에서 자아自我와 진아眞我의 갈등, 타인과의 갈등으로 심신이 바닥을 치고 있었을 때 누군가 날 위해 기도하는 분이 있다는 인식이 가슴을 울렸지 싶다."

우리 사회 일부 기독교 목사들이 물의를 일으키는 것에 분노하며, 박종호는 어느 날 자기 신앙고백을 이렇게 했다. "나는 '개독교' 신자가 아니다. 프루스트의 〈가지 않은 길〉처럼 인생길 뒤늦게 '가지 않은 길'을 가는 나는 '기독교' 신자다."

환경운동 하는 정원사

마록산방 정원은 야생화로 유명하다. 봄부터 가을까지 내내 화려한 꽃 잔치를 펼친다. 주인은 청주 제일 야생화 동산으로 자부한다. 늘 대문이 열려있어서 찾아오는 사람이 많다. 한껏 눈으로 즐긴 방문객들은 정원사가 뜯어주는 6현금에 매료된다. 와송 화분 앞에서 뉴 스타트 건강 비결을 듣는 것은 덤이다. 마록산방 살림살이 몇 년 만에 박종호는 빼어난 정원사가 됐다. 그가 운영하는 블로그 '마록산방'은 인기가 있다. 정원에서 자라는 야생화와 푸성귀들은 토마토 캐닝 섞어 먹는 '모둠 채소 접시salad bowl'를 풍성하게 만든다. 곰취, 부추, 돌나물이야 웬만한 사람은 다 아는 나물이지만 구절초와 쑥부쟁이, 벌개미취, 미국자

1·2. 오창 환경 지킴이 활동 3. 마록산장 방문객들과 함께 4. 모기장 연습실 5. 꽃길만 밟으소서

리공 어린잎을 묵나물로 먹는
다는 사실을 필자는 이번에 처
음 알았다.

취재단과 함께

식물과 대화하면서 정원사
는 유머도 풍부해졌나 보다. 현
관 앞으로 이어지는 앉은패랭
이로 꽃길을 만든 어느 날 블
로그에 이런 글을 올렸다. "아
내와 심하게 다툰 적이 있다.
화해할 묘책을 찾다가 꽃길을 만들었다. 꽃길만 걸으라고."

정원사 박종호는 '오창 환경 지킴이'로 활동한다.

"수술 후 공기 좋은 곳에서 살아보려고 송대공원 근처 전원주택지구
에 공을 들여 황토집을 지었는데 직선거리 1km도 안 되는 곳에서 2급
발암물질인 '디 클로로메탄' 배출량 전국 1위를 달리던 '셀 가드 코리
아'라는 업체가 날마다 하얀 증기를 내뿜고 있는 것을 나중에 알았다.
인생길 후반전에 접어드는 60살에 환경운동을 하게 된 계기다."

이 활동으로 악취의 온상 녹비원 야외 가축 분뇨 저장시설을 폐쇄하
게 했다. 나아가 오창산업단지 내 가로수를 비롯한 숲의 불산 오염도를
조사하기 위해 '나뭇잎 불산 시료 검사' 비용 모금운동을 전개했다. 박
종호는 자신의 운명을 바꾼 교육운동과 인생 후반부에 참여한 환경운
동이 '더러운 것들'과 싸운다는 점에서 본질은 같다고 생각한다.

지금도 가끔 학교 꿈을 꾸는 박종호가 지닌 꿈은 소박하다. "이 작은
기타 선율로 시대의 아픔을 표현하며 지금을 살아가는 사람들에게 희
망을 전하고 싶다. 저항하는 민중의 노래를 새롭게 편곡해 참된 민주주
의를 이끌어보자는 것이 활동 목표다."

이를 위해 고희를 바라보는 연주자는 오늘 밤도 상처 깊은 왼손으로 6현을 고르고 악상을 다듬는다. 올가을 고목에 여섯 번째 꽃을 피울 준비를 하는 각오는 한결같다.

"94세에도 하루에 4시간씩 연습하는 카살스에게 기자가 이유를 물었더니, 조금씩 첼로 연주 실력이 느는 것 같다고 대답했습니다. 古木에 자꾸 꽃을 피우려는 이유는 은은한 꽃을 조금 더 예쁘게 피우고 싶기 때문입니다. 시대의 아픔과 희망을 노래하며 멋진 세상을 꿈꾸기 때문입니다. 古木이 고목枯木이 되는 날까지 꽃을 피우고 싶습니다."

장권호

글_김광철

젊어서 사람을, 나이 들어 숲을 가꾸는
한국의 부피에

한국의 부피에, 장권호 선생

　장권호 선생은 그를 취재하기 위해 나선 김민곤 위원과 필자를 장성의 축령산 숲으로 안내하고 싶다고 했지만 시간이 허락하지 않아 다음을 기약하기로 했다. 축령산 숲은 조림왕 임종국 선생이 문전옥답까지 팔아가며 산을 사들여 가꾸었다는 한국의 명품 편백 숲이다.

　우리 세 사람은 모두 전교조 해직교사 출신이기 때문에 차 안에서 이야기를 나누며 가는데 여러 가지 면에서 관심사가 비슷하여 이야기가 잘 통했다. 시간 가는 줄 모르고 이야기를 나누며 달리다 보니 차는 어느덧 장 선생이 나무를 심고 가꾸는 담양군 무정면 안평리 산71번지에 있는 조림지에 도착했다. 숲은 남쪽을 향해 경사가 급하게 뻗어있었다. 산 앞에는 한 변이 50m 정도 길이의 논이 자리 잡고 있고, 그 논을 건너면 영산강의 한 지류인 작은 내가 흐르고 있다.

　우리는 숲으로 들어가지 않고 내의 둑 위에서 숲을 바라보고 서서 이야기를 나누었다. 장 선생은 자신이 가꾸어 놓은 숲에 대하여 설명하기 시작한다.

"이 땅의 넓이는 약 1만 평인데, 2007년 당시 돈 6천만 원을 주고 샀어요. 당시는 소나무 등이 듬성듬성 들어서 있고 묘가 10기 정도 있는 야산이었습니다. 저 밑에 보이는 파란 나무들이 편백이고 약간 불그스름하고 키가 좀 큰 나무가 삼나무입니다. 그리고 산 능선 쪽에 푸른빛을 띠는 침엽수들이 소나무고요."

필자가 질문했다.

"산 중턱에 연녹색 나무들이 띠를 이룬 것 같이 서 있는데, 상수리나무나 졸참나무와 같은 참나무들이죠?"

"우와, 선생님 어떻게 멀리서도 그렇게 잘 구분하십니까?"

"제가 퇴직하기 전 학교에 있을 때 생태, 환경에 관해 공부를 좀 했거든요. 특히 식물 분류와 숲 생태에는 강사로 나가기도 했어요.

장 선생님, 숲의 천이에 대하여 들어보셨지요? 저 숲은 조림한 편백과 삼나무 외에 소나무가 우점종으로 보입니다. 만약 저 숲을 사람이 간섭하지 않고 자연 상태로 가만히 놔두면 서서히 참나무들이 침엽수들을 몰아낼 것입니다. 지금은 침엽수들이 숲을 지배하고 있지만 중간에 참나무들이 보이는 것과 같이 5~60여 년이 지나면 소나무들은 사라지고 그 자리를 참나무들이 지배할 것입니다. 이렇게 숲의 주인이 바뀌는 것을 전문 용어로 '숲의 천이'라고 합니다.

우리나라 중부 지방에는 양수인 소나무-음수인 참나무-100여 년이 지나면 서어나무, 까치박달 등과 같은 나무가 숲을 지배하게 됩니다. 이런 상태를 극상림이라 하는데, 그 상태가 되면 더 이상 천이가 일어나지 않아요. 우리나라의 대표적인 극상림이 광릉수목원에 있는 원시림이지요. 그런 상태가 되면 온갖 동식물이 깃들어 종 다양성이 풍부한 아주 건강한 숲이 된다고 합니다."

장 선생이 필자의 말을 받는다.

"건강한 숲은 혼효림이 좋다고 해요. 그래야 다양한 동식물이 서식하여 종 다양성이 풍부해지죠. 상호 경쟁하지만 병충해 등의 피해로 숲전체가 파괴되는 일 없이 상보적인 관계를 유지하면서 건강한 숲으로 발전해 나가지요. 침엽수 밑에는 타감 작용으로 인하여 다른 식물이 잘 자라지 못해요.

선생님, 저 밑에 작은 대나무들이 보이지 않으세요? 나무 심고 몇 년 동안은 대나무가 많아 다른 나무들이 잘 자랄 수가 없었어요. 대나무를 제거하는 방법은 포크레인으로 파 엎거나 제초제를 뿌려 고사시키는 방법이 있는데 숲 가꾸기 하는 사람이 제초제를 쓰거나 포크레인을 쓰는 것은 정서상 허락이 되지 않더군요. 그래서 누가 이기나 예초기와 낫만으로 매년 봄 죽순과의 전쟁을 15년째 벌여 마침내 대나무를 이젠거의 잡았답니다. 마을 어르신들이 맨손으로 대나무 잡은 사람은 처음 봤다며 외지인인 저를 비로소 인정해주더라고요."

그러면서 허허 너털웃음을 웃는다. 김민곤 위원이 질문을 던진다.

"장 선생님은 어떻게 이런 숲을 가꾸겠다고 생각하게 되었어요?"

"제가 녹색연합 등 환경단체에서 하는 생태, 환경 교육 연수를 받은 적이 있는데, 그때 우리 아이들의 미래를 위하여 숲을 가꾸고 키우는 일을 해봐야겠다고 생각하게 되었습니다. 장차 교직에서 물러날 때를 대비해서라도 미리 준비해야겠다고 생각해 현직에 있을 때부터 이 일을 시작하게 되었습니다. 숲 가꾸기는 기후 위기에 대응하기 위해서도 꼭 필요한 사업 아니겠습니까? 학생들 키우는 일 외에도 공익을 위해 필요한 일을 해야겠다는 생각으로 시작하게 되었습니다."

필자가 반문했다.

"숲을 가꾸는 것은 오랜 시간이 걸리고 당장 수익이 생기는 것도 아닐 텐데 숲 가꾸기를 하겠다고 생각하셨다는 것이 대단하세요. 사람들이 미쳤다고 하지 않아요? 특히 사모님께서 반대하지는 않으셨나요?"

"선생님은 숲의 공익기능에 대하여 잘 아시잖아요? 기후 위기의 주범인 탄소 흡입, 홍수, 산사태 방지, 좋은 경관과 휴식처 제공 등 사적인 이익보다는 공익적 기능에 관심을 두고 시작했습니다. 제가 운이 좋은 거죠. 다행히도 아내와 저는 숲 가꾸는 일에 있어 생각이 같아 오히려 아내가 더 적극적일 때가 많습니다. 저 건너편 마을이 제 아내가 태어나고 자란 고향입니다. 마을 사람들도 처음에는 의아한 눈빛으로 바라보다가 지금은 모두 긍정적으로 대해줍니다."

"산림청이나 도나 군 등 행정기관의 지원은 있나요?"

"위탁경영 제도를 통해 10년 동안 산림조합과 군의 지원을 받았습니다. 묘목을 심고 풀베기 작업에서 가지치기와 어린나무 가꾸는 작업, 칡넝쿨 제거 작업 등 물심양면으로 많은 도움을 받았습니다."

김민곤 위원이 말을 보탠다.

"장 선생은 장 지오노의 《나무를 심은 사람》에 등장하는 숲을 찾아 프랑스 프로방스까지 여행하면서 숲 공부를 한 적이 있다던데……."

"본격적인 숲 공부라고 할 수는 없고요. 제게 워낙 감동과 영감을 준

작품이어서 작품의 배경인 프로방스를 꼭 한번 가고 싶었습니다. 2014년 여름 가족들과 함께 칸과 니스를 비롯해 베흐동 계곡을 여행하며 황량한 프로방스의 토양에서 자라는 야생 라벤더와 해바라기 그리고 울창한 숲을 탐방한 적이 있습니다."

이 말을 듣고 김민곤 위원이 장 선생 평을 한다.

"장권호 선생은 한국의 부피에 교사여.《나무를 심은 사람》이라는 작품에 등장하는 주인공 부피에를 연상하게 해요. 남들이 별로 알아주지도 않은 일을 기후 위기를 극복하고 지속가능한 미래에 대한 신념을 갖고 돈을 주고 시간을 사고 있으니 말이오."

이 말에 필자와 장 선생도 크게 웃고 우리는 장 선생이 나무 묘목을 키우는 농장으로 향했다.

그곳은 담양이 아니라 곡성군에 속한 곳이었다. 조부모님과 부모님의 산소가 모셔져 있는 가족 묘지였다. 그 옆에 이팝나무 등을 심어 가꾸는 작은 농장이 있었다. 장 선생은 4남 1녀의 막내인데, 이제 형님들이 연로하여 장 선생이 묘소관리를 한다고 한다. 그래서 형님들이 막내가 고생한다고 산소 옆에 작은 농막을 지어주었다고 한다. 우리는 묘소 참배를 하고 나서 '연화당'이란 당호가 붙은 여름 농막에서 차 한 잔을 나눴다. 벽에는 궁체 정자로 '空山無人 水流花開'라는 멋진 편액이 붙어있었다. 퇴직하고 나서 사모님과 함께 익힌 서각 솜씨로 장 선생이 직접 새겼다고 한다.

이곳 농막에서 장 선생이 〈광주신문〉에 기고했던 글들을 모아《풍경이 전해 준 온기-그 깊은 떨림 속으로》와《사람의 숲에서 만난 詩》두 권의 책을 출간할 수 있었다고 한다.

이야기를 나누다가 이팝나무 등의 묘목을 키우는 농장으로 이동했다. 멧돼지들이 들어와 땅을 파 엎고 나무뿌리를 파헤치는 바람에 멧

1. 연화당 안에 걸린 편액
2. 연화당에서 다과
3. 장권호 선생의 저서
4. 묘목 농장
5. 멧돼지 퇴치 장치

돼지 퇴치에 고심하고 있다고 한다. 시각과 후각을 이용해 멧돼지 퇴치에 이용하는 다양한 기구가 설치돼 있었는데 그중에서도 물방아 원리를 이용한 멧돼지 퇴치 장치는 정말 인상적이었다.

학생들을 열심히 가르치던 평범한 교사가
전교조 투사로 변신하다

장권호 선생은 섬진강이 긴 띠처럼 휘돌아 흘러가는 전라북도 남원군 대강면에서 태어났다. 1956년 51세인 아버지와 42세인 어머니의 늦둥이 막내아들로 태어나 부모님의 사랑을 끔찍이 받으면서 자랐다.

장 선생은 초등학교 4학년 때 누나가 출가하여 사는 광주의 계림초등학교로 전학한다. 하지만 광주에서의 학교생활은 고달팠다. 반 아이들은 촌놈이라고 놀렸다. 부모님이 계신 남원 땅이 그리워 먼 산을 바라보거나 '고향 땅' 노래를 부르며 지냈다. 담임 선생님은 그에게 "너는 수업 시간에 무슨 생각을 그렇게 하니?"라며 의아해하기도 했다. 그러던 중 5학년 때 부모님이 광주로 이사 오면서 그는 생기를 찾기 시작했다. 하지만 그것도 잠깐, 6학년이 되던 해 아버님이 돌아가시면서 그는 의기소침해진다. 맏형님이 가장이 되어 동생들 뒷바라지를 해줬지만 가장 믿고 따르던 아버지의 공간은 컸다.

중학교 내내 마음을 못 잡고 방황하다가 광주에 있는 금호고등학교로 진학했다. 금호고 2학년 때 담임이었던 황영익 선생을 만나면서 대학 진학에 대한 꿈을 꾸며 조금씩 공부에 재미를 붙이게 된다. 황 선생님은 학생들과 교실 청소를 함께하면서 인격적으로 많은 감동을 준 분으로 장 선생의 청소년 시절에 가장 영향력이 컸던 분이라고 한다. 이렇게 초·중·고를 마친 그는 전북대학교 국어국문학과에 들어간다.

"나의 대학 시절은 박정희 유신 독재가 극악을 부릴 때였어요. 상시로 대학 중앙도서관에 정보원이 드나들면서 학생들의 동태를 감시했고 대학 정문 앞에는 탱크가 머물며 학생들의 출입을 통제하곤 했어요. 나의 대학 생활은 도서관과 집, 과외지도와 학점 관리에 집중되어있었지요. 다른 학우들이 시위할 때 나는 근처에 얼씬거리지도 않았지요. 지금 생각하면 너무 소심했고 내세울 것 없이 부끄러운 대학 생활이었어요."

장 선생은 대학 졸업을 앞두고 교수 추천으로 1981년 2월부터 순천상고 교사로 첫발을 내디딘다. 당시 순천상고는 사학비리의 종합세트였다. 전수학교인데도 숨기고 신입생을 받았고, 해마다 교사의 절반 이상이 바뀌었다. 기부금을 받고 채용했다가 1년만 지나면 갖은 핑계를 대고 해고해버렸다. 교사들을 가장 힘들게 하는 것은 주당 51시간의 수업이었다. 3학년 전수학교 학생들의 검정고시 대비 수업을 맡은 장 선생은 월요일에서 금요일까지 매일 9시간씩 일주일에 45시간 수업하고 저녁 수업이 없는 토요일엔 6시간이라는 살인적인 수업을 했다. 이렇게 파김치가 되어 집에 돌아오면 새벽까지 다음 날 있을 3차시(주당 17차시) 수업 준비에 매달렸다. 당시 장 선생은 코피를 쏟아가며 학교 근무를 하는 것이 교사의 사명이라고 생각하는 순진한 교사였다.

"어느 날 뜬금없이 이사장실로 불려갔어요. 갔더니 나더러 학교신문을 제작하라는 거예요. 단지 국어 교사라는 이유 하나만으로. 컴퓨터도 복사기도 없던 시절, 조판공과 함께 납으로 된 활자판을 집자하고, 광주에 있는 인쇄소로 오가며 대판 4면으로 〈순천상고학보〉 1호와 2호를 발행했어요. 지금 생각하면 편집도 기사도 모두 엉터리 신문이었지만 학교 측은 그 신문을 들고 대대적인 학생 모집에 나섰고 반응은 폭발적이었어요."

이런 장 선생을 데려가려는 학교가 있었지만 재단 측에서는 그를 놓아주지 않았다. 처음 임용 당시 제출한 교사자격증을 학교 행정실에서 감추고 오히려 그를 배은망덕한 놈이라 비난했다. 1년을 더 근무하고 광주의 입시 학원으로 옮긴다. 거기서 1년 근무하고 1984년 3월 모교인 금호고등학교로 학교를 옮겼다.

사람의 일은 알 수 없어서 그렇게 시작된 신문 제작 업무는 장 선생에겐 평생 업보가 됐다. 옮기는 학교마다 당연하게 학교신문과 교지 제작일은 그의 몫이었다. 1999년부터 퇴직 후인 2021년까지 전교조 광주지부 기관지인 〈광주교사신문〉 기자로 후배 기자들과 함께 활동하며 〈광주교사신문〉이 전국 17개 시도지부에서 유일하게 20여 년을 훌쩍 넘겨 지부 신문을 발행하는 데 중추적 역할을 했다.

언론 환경의 급격한 변화 속에서 2021년 6월까지 〈광주교사신문〉은 226호까지 발행하고 종간했다. 〈광주교사신문〉은 지금까지 발행했던 것들을 모아 100호 영인본과 200호 영인본을 묶어 발행했고, 201호에서 226호까지 묶은 마지막 영인본을 준비하고 있다고 한다.

장 선생과 전교조는 금호고에서 인연을 맺는다.

금호고는 광주에서도 알아주는 명문 사립이었다. 교사도 기부금 없이 임용되는 학교였다. 이런 사립학교였기 때문에 교사들의 불만도 크게 없었다. 한편 6월 항쟁의 소용돌이 속에서 사회 민주화 운동이 꿈틀거리고 교육운동이 시작되면서 금호에도 서서히 변화가 일기 시작한다. 장 선생도 조금씩 우리 교육의 구조적 모순에 눈뜨기 시작했다. 야간 자율학습 감독을 하며 경쟁교육에 내몰리는 아이들을 보면 문득 자신이 양계장 주인 같다는 생각이 들었다고 한다.

자연스럽게 교사협의회와 전교조에 가입해 활동하기 시작했다. 그동안 교사상이 잘 가르치는 교사가 되고 싶다는 열망이었다면 동시에 올바른 교사가 되고 싶다는 새로운 교사상을 다짐하며 교사로서의 변곡점을 맞는다. 금호고에서도 김병한 선생이 구심점이 돼 전교조 결성을 주도하게 된다. 장 선생도 이 대열에 합류한다. 죽호학원에서만 중앙여고, 중앙여중, 금호고 17명의 해직교사가 발생했고 장 선생도 해직교사 대열에 합류하게 된다.

장 선생은 생계 때문에 아파트 공사장에서 문짝을 짜는 일을 6개월 정도 했는데, 그것도 겨울이 되니 일감이 없어졌다. 그때 한강 이남에서 제일 크고 잘나간다는 광주의 대성학원에서 스카우트 제의를 받고 고민 끝에 학원 강사의 길을 걷기 시작한다. 다행히 별 어려움 없이 학원 생활에 잘 적응했다. 그는 학원 강사로도 인정받아 이듬해는 서울대 반 담임을 맡는다. 수입은 괜찮았지만 그의 몸은 말이 아니었다. 수업 준비에 파김치가 된다. 수업에 들어가서 어떤 질문이 나올지 몰라 살얼음판을 걷는 기분이었다고 한다. 대형 칠판에 한 시간 수업 로드맵을 그려 심지어 판서할 분필 색깔까지 구상해 수업에 들어갔다. 그런 수업을 하던 장 선생은 학교가 그리웠다. 할 수만 있다면 무릎을 꿇고서라도 복직해 사랑하는 아이들과 참교육을 하고 싶었다.

장 선생은 복직 당시를 회고한다.

"1994년 3월 2일, 금당중학교에 복직한 첫날을 생각하면 지금도 가슴이 두근거려요. 하얀 칼라에 자주색 교복을 입은 여중 2학년 아이들이 호기심 어린 눈길로 나를 맞아주는데 숨이 막힐 것 같았어요. 세상의 어느 꽃밭이 이보다 더 환할 수 있을까요? 초롱초롱한 눈빛의 아이들 한 번 바라보고 창 너머 금당산 자락의 연분홍 진달래 한 번 바라보며 낭랑한 목소리로 국어책을 읽는데 구름 위에 뜬 것 같았어요."

하지만 학교는 여전히 비리와 부패가 만연했다. 학생들 우유 급식에 빌붙어 자기가 마신 우유 대금을 떼어먹는 교장과 교감, 수학여행 경비에서 당연한 듯 뇌물을 받아 챙기는 교사들, 반 성적을 올리기 위해 OMR카드를 사전에 빼돌려 부정행위를 기획 실행하는 담임교사가 우수 교사로 표창받는 현실을 목격한다.

"그래도 우리 곁에는 전교조를 지지하고 후원하는 동료 교사가 있었지요. 비록 거악을 척결하지는 못했지만 포기하지 않고 연대하여 크고 작은 성취를 거뒀지요. 강제 보충수업을 폐지했고 방학 책 강제 구매를 막아냈어요. 무엇보다 가장 신바람 나게 싸워 이긴 것은 일·숙직 폐지 투쟁이지요. 광주가 전국 최초로 해냈어요."

장 선생은 복직 이후 금당중학교, 전자공고, 광주과학고등학교, 풍암고등학교, 금구중학교를 거쳐 2018년 8월 운남고등학교에서 정년퇴임할 때까지 그는 도서관과 독서교육 관련 부서에서만 일했다. 그는 단한 번도 타 부서로 이동하지 않고, 부장이 아닌 부서의 기획으로만 24년 5개월 동안 일했다.

학교신문, 교지, 독서교육과 도서관, 글쓰기에 한 평생을 바친 평교사

장 선생은 도서관 업무를 맡아 여러 가지 성과를 냈다. 그중 하나가 리베이트 관행을 없앤 것이다. 1994년도에 금당중에 있을 때 정가로 구매해서 20~30%를 교장과 행정실장에게 리베이트로 들어가는 것을 잡아냈다. 온갖 협박을 받아 가면서도 그 고리를 끊어냈다. 광주 시내 대형 서점들을 대상으로 비교 견적을 받아 20~30% 할인 가격에 학교 도서를 구매하는 관행을 정착시켰다.

1박2일 도서관에 놀러와(금구중)

한편 인터넷과 컴퓨터 보급이 확대되면서 본격적으로 도서관 전산화 작업이 절실한 시점에 장 선생은 광주과학고 도서관 디지털 작업 공모에 응해 학교도서관 디지털 작업에 선도적으로 나서게 된다.

"광주는 물론 전국 어디에도 참조할 만한 사례가 없어 힘들었지만, 교실 두 칸을 이용해 문화공간으로서 음악과 영화는 물론 공연과 전시, 정보검색을 넘어 토론 수업까지 모든 과정이 도서관에서 이루어지도록 했습니다. 도서관 개관 후 전국 50여 개 학교에서 견학하러 왔고 시내 많은 학교가 과학고도서관을 모델로 삼은 것으로 알고 있습니다. 한편 도서관 사서 채용의 첫걸음을 내딛는 데 일조했습니다. 국어 교사가 맡아 대충 시늉만 하던 방식으로는 디지털 도서관을 운영할 수 없다고 교육청 측을 설득, 광주시교육청이 전국에서 가장 선도적으로 학교도서관에 사서를 전면 배치해 본격적인 디지털 도서관 시대를 열고 한 차원 높은 독서교육이 가능하게 했습니다. 2022년 현재 광주가 사서 배치율 95%로 전국 1위예요."

장 선생은 도서관과 독서교육 관련 업무를 맡아 일하면서 전교조 전국참실대회 도서분과에 참여해 사례 발표도 하고 수년간 국어과 1급 정교사 교육에 강사로 활동하기도 한다. 그는 본인 의사와 상관없이 강권으로 독서대상을 비롯한 장관상 두 번과 교육감상을 받고 2017년 제31회 광주교육상을 받기도 한다.

그는 국어 교사로서 읽기와 쓰기 교육을 국어 교육의 근간으로 삼고 일관했다.

"20여 년을 한결같이 아이들과 연간 40편 필독서 읽기를 실천하고 쓰기 교육을 위해 개인 문집 갖기를 수행평가로 시행했어요. 읽기나 쓰기 교육에서 가장 중요한 것은 아이들과 충분히 교감하고 공감해야 한다는 믿음 때문이었어요. 학기 초 오리엔테이션 시간을 통해 다양한 자료와 사례를 충분히 준비해 최소 2시간에서 3시간 정도 왜 읽기와 쓰기가 중요한지를 아이들에게 설명하고 설득했어요.

내가 읽기와 쓰기 교육을 강조한 것은 자기 삶을 주도적으로 사는데 가장 효과적인 밑바탕이 학창 시절의 읽기와 쓰기라는 믿음에 근거하고 있어요. 동시에 이 개념 없는 세상을 살아갈 아이들을 의식화시키기 위해서예요. 박노자의 《당신들의 대한민국》, 하종강의 《아직 희망을 버

1. 명사초청 강연-홍세화 선생(운남고)
2. 오마이뉴스 오연호 대표 초청 강연
   (운남고, 2017. 11. 10)
3. 명사초청 강연-박남준 시인(금구중)
4. 명사초청 강연-도종환 시인(풍암고)

신석정문학관 문학기행(운남고, 2017. 5. 13)

릴 때가 아니다》, 홍세화의 《나는 파리의 택시 운전사》, 최순우의 《무
량수전 배흘림기둥에 기대서서》, 도종환의 《부드러운 직선》, 오연호의
《우리도 행복할 수 있을까》 등의 수많은 명저를 읽고 저자를 학교로 초
대해 강연을 듣고 질의응답 시간을 가졌어요. 기억나는 강사로는 홍세
화, 도종환, 하종강, 고병헌, 송순재, 오연호, 황광우, 김준태, 김용택, 송
수권, 박남준 시인 등 지면상 다 열거할 수 없지요. 한편 해마다 학생들
과 함께 작가의 고향을 탐방하는 문학기행을 기획하고 실행하기도 했
고요.

마지막으로 근무했던 운남고에서도 고3 학생들을 대상으로 수능 모
의고사 문제 풀이 대신 개인문집 쓰기를 수행평가로 시행했어요. 우려
와는 달리 숨 막힐 것 같은 고3 수험생활 속에서 글쓰기는 유일한 탈
출구로 훌륭한 역할을 했어요. 졸업식 날 내 책상 위에는 몇 통의 편지
가 놓여있었어요. 나중에 결혼해 아이를 낳으면 아이와 함께 생각공책
을 쓰겠다고 다짐하며 대학에 가서도 이런 글쓰기를 계속하고 싶다고

고마움을 표한 한 남학생 편지가 기억에 남아요."

장 선생은 말한다.

"복직하고 나서 나는 자신과 두 가지를 약속했어요. 평교사로 끝까지 교단에 서서 정년을 맞겠다는 것과 〈광주교사신문〉 기자로 정년까지 활동하겠다였지요. 약속을 모두 지켰어요. 그래서 소신껏 살아온 삶에 일말의 후회도 없어요. 퇴직 후의 삶의 콘텐츠라는 게 어느 날 갑자기 뚝딱 채워지지 않아요. 젊은 날부터 미리 부지런히 준비하고 훈련해야 노후의 삶이 풍요로울 수 있거든요. 하지만 그런 콘텐츠를 함께할 친구가 없다면 모두 허사예요. 함께 음악 들을 친구, 여행 갈 친구, 영화 볼 친구, 전시회 갈 친구. 무엇보다 허물없이 언제라도 전화하고 수다 떨 수 있는 친구가 노후에 한 명이라도 있다면 더 바랄 것이 없을 거예요. 노후에 곁에 있는 친구를 보면 살아온 삶이 보여요. 친구는 평생 살아온 내 삶의 결실이기 때문이죠.

지난 세월을 생각해 보면 인생은 때로 어둠과 절망 속에 소중한 선물을 감춰 놓았던 것 같기도 해요. 다만 그 어둠의 숲을 벗어날 때까지 우린 그 사실을 알아채지 못한다는 것, 어쩌면 그게 우리네 인생인지도 모르지요."

취재단과 함께

장권호 선생, 그는 매우 성공적인 삶을 살아온 교사다. 젊어서는 참교육이라는 열망에 차 온갖 도전에 물러섬이 없이 온몸으로 부딪히며 싸웠다. 그 과정에서 그는 대세를 잘 읽었고 매우 유연한 자세로 참교육을 실천했다. 그는 무리한 싸움을 하지 않았다. 혼자 가는 열 걸음이 아니라, 열 사람이 반걸음을 가는 투쟁을 통해 항상 이기는 싸움을 하면서 학교 민주화를 이어왔다.

그리고 퇴임 이후까지 준비하는 등 철저하게 유비무환 정신으로 살아온 사람이다. 지금 가꾸는 숲을 당신이 죽고 나면 어떻게 할 것이냐고 물었다.

"제 아들이 산림청 공무원인데, 그 녀석이 이어받아서 숲 가꾸기는 계속될 겁니다."

이미 먼 미래까지 내다보며 삶을 살아가는 준비된 삶의 방식에 고개가 끄덕여졌다. 그가 젊어서는 사람을 가꿨고 이제는 숲을 가꾸는 한국의 성공한 부퍼에로서 많은 사람에게 울림을 주고 있다. 부디 그의 소망이 성공적으로 이어지길 기대해 마지않는다.

김윤근

글_이주영

역사는 과거학이나 미래학이라 믿는
향토 역사와 문화지킴이

김윤근 선생님은 현직에 계실 때는 물론 퇴직하신 뒤에도 신라 역사와 향토 문화 교육을 꾸준히 해 오신 분으로 널리 알려져 있다. 1944년에 태어났으니 올해 79세다. 퇴직하시고도 20여 년 가까이 향토 문화 교육을 계속하고 계신다는 소문을 가끔 들었다. 요즘은 어떻게 하시는지 궁금해서 전화로 여쭈었더니 코로나19 이후로는 직접 현장 답사가 어렵기도 하고, 몸도 불편해서 희망하는 사람들한테 달마다 경주 역사와 문화를 알리는 글을 써서 전자편지로 보내고 있다고 하셨다.

　취재단 김민곤, 김광철, 이주영은 7월 7일 아침 9시에 댁으로 방문하였다. 경주공고 뒤쪽에 있는 작은 한옥이다. 담 너머로 푸른 뜰이 보이고, 정갈한 대문에 한지에 붓글씨로 '밝은 새해 맑은 나날'이라고 써서 붙여 놓았다. 평소 자녀들 옷은 물론 신발을 사 줄 때도 영어는 파내고 주었다는 소문처럼 한글 사랑이 한눈에 들어왔다. 문패에 두 분은 물론 자녀와 며느리 사위 이름까지 써 놓았다. 가족 이름을 모두 쓴 이런 문패는 처음 본다. 집과 가족에 대한 의미를 생각하게 하는 문패였다.

　취재를 굳이 집에서 시작한 까닭은 네이버에서 김윤근을 검색하니 "아름다운 집 하나, 향토 사학자 김윤근" 경주신문 2008년 6월 17일 자이 나왔기 때문이다. 그 기사를 읽어 보고 깜짝 놀랐다. 자신의 철학을 고스란히 담아서 터를 잡고, 짓고, 가꾸며 50년을 살고 계셨다. 그래서 집을 꼭 보고 싶어서 경주문화원으로 잡았던 처음 약속을 집에서 시작하는 것으로 바꾸자고 졸라 겨우 허락받았다.

김윤근 선생님은 서른하나에 박미자 님과 결혼해서 3년을 부모님 집에서 살았다고 한다. 3년 뒤에는 독립해서 살 생각이었으므로, 그동안 집터를 찾아다녔다고 한다. 이 자리로 정한 세 가지 이유가 있다고 한다. 첫째는 부모님 집 방향이 뒤쪽에 있으니 부모가 자식을 안고 있는 형상이고, 둘째는 학교가 앞에 있으니 교사의 삶에 맞고, 셋째로 이차돈이 순교한 천경림 터라서 마음에 들었다고 한다. 이차돈의 순교가 어떤 의미가 있는지 여쭈었더니 '지는 해가 있어야 뜨는 해가 있다'와 '사람은 큰일을 위해 죽어야 한다'는 생각을 하게 되었다고 했다.

서른넷에 100평을 사서 건평 30평 집을 지었는데, 육지와 바다가 3:7이듯이 건물과 마당을 3:7로 기본 설계를 했다고 한다. 대문에서 들어오는 마당에 33개의 디딤돌을 직접 만들어 놓았는데, 연꽃과 국화꽃 무늬를 넣어서 만들었다. 디딤돌 33개는 3·1독립선언서에 서명한 숫자도 의미하지만 불교 철학과도 연계되어 있다고 했다. 양쪽에 매란국죽을 심어 기르는데, 그 밖에도 여러 가지 풀꽃과 나무가 우거져 아름다웠다. 그 가운데 석등이 있다.

"마당에 석등을 가져다 놓으셨네요?"

"석등이 아니라 광명등이지요. 석등은 일본인이 쓰는 말이에요. 우리는 광명등이라고 해요. 빛이 멀리 퍼진다. 부처님 빛이 세상을 밝힌다. 진리가 세상을 환하게 밝힌다는 뜻입니다. 아직 받침대에 올리지 않은 까닭은 해직교사가 원상회복이 되면 올리려고 기다리는 거예요. 내가 죽기 전에 올리고 가야 하는데……."

　전교조가 세상에서 올바르게 대우를 받게 되면, 해직교사가 국가에서 인정받는 밝은 세상이 되면 광명등을 받침대에 올려세우겠다는 말씀에 나는 먹먹해지고 말았다. 아름다운 집이라고 해서 보러 왔는데, 이렇게 절절한 마음을 품고 있는 집이었다니…… 숙연한 마음으로 작은 마루에 올라 사모님이 내주시는 차를 마시면서 살아오신 이야기를 들었다.

김윤근　　나는 일제의 착취와 탄압이 극심했던 1944년에 태어났고, 초등학교 시절은 6·25 전쟁으로 굶주림과 두려움이라는 고통 속에 살았어요. 그런 어려움 속에서도 5학년

1. 1955년, 월성국민학교 시절. 5학년 어린이날 안압지 소풍 기념사진
2. 가족사진(1987. 11)
3. 가훈을 걸어놓은 액자

때인 1954년 10월 10일 경주박물관에서 시작한 경주어린이박물관학교 1기생으로 들어가 윤경렬 선생님을 만나 향토 역사와 문화교육을, 경주시립도서관독서회에서는 책의 가르침과 평생 함께할 수 있게 되었지요. 처음에는 배우다가 나중에는 가르치는 강사가 되었고, 우리 아이 세 명 모두 대를 이어 다녔으니까요. 요즘은 내 마지막 일이라 생각하고 윤경렬 기념사업회를 맡아서 추진하고 있지요.

중고등학교 때는 자유당 정권의 독재와 부패를 보았고, 부정선거에 맞서 4·19혁명에 참여했지요. 중3 때 공민을 가르치시던 김원기 선생님이 계셨는데, 사회 문제와 국민이 할 일, 진리를 배우고 실천하는 도리를 많이 이야기해 주신 정의로운 선생님이셨어요. 경주고 1학년 때 이승만 자유당 정권이 저지른 3·15 부정선거에 반대하고 규탄하는 4·19가 일어났어요. 엄마 몰래 이불 홑청, 이불을 씌운 하얀 천이잖아요. 그걸 뜯어서 심인이라는 친구 자취방에 가서 현수막을 만들었어요. 잉크 한 병을 다 부어서 '부정선거 다시 하고 자유당은 물러가라'고 쓰고, 양쪽 대나무 깃대에 붙들어 맨 현수막을 들고, 경주 시민들 데모대 맨 앞에서 행진했습니다. 대학 때는 박정희 군사정권에 맞서 한일회담을 반대했어요. 그때 굴욕적인 한일회담 결과가 지금까지 우리 역사와 한일 관계에 해를 끼치고 있어요.

교사가 되어서는 유신정권 반대 운동을 하면서 학교 밖에서는 야학을 운영했습니다. 구두닦이와 넝마주이 청소년을 가르치는 일도 했고요. 그러다 결국 일생의 운명을 바꾸게 되는 전교조 해직교사의 길로 가게 되었습니다. 복직한 다음에도 학교 밖에서는 경주어린이박물관학교 지도교사와 환경운동, 원자력발전소와 방사성 폐기물 문제에 관해 시민운동을 하게 되었지요. 경주 동학 발전을 위해서도 노력했습니다. 경주가 최제우와 최시형이 일으킨 동학이 태어난 곳이니까요. 우리 집 가훈이 '범을 부르지 말고 숲을 가꾸라'입니다. 숲을 가꾸면 범이 스스로 온다는 뜻이지요. 나는 평생 그런 숲을 가꾸는 일을 해 왔습니다.

이주영   선생님 삶을 살펴보니 초등학교 5학년 때인 1954년 경주어린이박물관학교 1기생으로 참여해서 윤경렬 선생님을 만나 신라와 경주에 관한 공부를 하셨고, 그 후 60여 년 넘게 경주어린이박물관학교와 함께하셨더군요. 이렇게 선생님 삶에 큰 영향을 준 경주어린이박물관학교와 윤경렬 선생님에 대한 더 자세한 이야기를 부탁드립니다.

김윤근   고청 윤경렬 선생님은 사연이 있는 분입니다. 원래 함경도가 고향이신데, 6·25 전쟁 전 해인 1949년에 경주에 와서 경주박물관 관장과 고향이 같으므로 자주 들렀습니다. 어린 시절을 개성에서 보내셨다고 합니다. 그때 방정환 선생님이 가끔 오셔서 아이들을 모아 놓고 이야기를 들려주셨다고 해요. 아이들이 추위에 벌벌 떨며 담벼락에 기대 있는데, 중절모에 쪼개 저고리 입으신 분이 호주머니를 열고 굵은 눈깔사탕을 꺼내 주면서 모이라고 해서 갔더니 재미있는 이야기로 아이들을 울리고 웃겼다고 해요. 그 경험 때문에 전쟁으로 살기 어려워 문화재는 파헤쳐지고 외국으로 팔려나가니 이를 지키고 보호하기 위해 경주어린이박물관학교를 열었습니다. 처음 시작할 때는 장소가 없으니까 박물관 관장실 책상과 의자를 복도로 빼놓고 아이들이 가득 앉아서 들었습니다. 윤경렬 선생님은 아이들은 재미있는 이야기로 가르쳐야 한다고 하시면서 당시로서는 보기 힘들었던 환등기로 유물과 유적을 보여 주면서 이야기해 주셨고, 대구까지 가셔서 영사기를 빌려다 영상으로 보여 주시기도 했습니다. 학생들한테는 돈을 받지 않았고, 신라문화동인회 회원들을 비롯한 어른들이 후원금을 모아서 교육 자료와 간식을 마련했습니다. 유네스코에서 세계 최초 어린이박물관학교로 인정했는데, 지금도 68년째 이어가고 있습니다. 나아

1. 어린이 도서관 학교 안내
2. 경주시립도서관 셔볼독서회 지도교사 시절 제1회 어린이 동화 대회 개최, "어린이에게 동화를 들려줍시다" 시가 행진(1980)
3. 경주어린이박물관학교 남산 수업(1990)

가 경주어린이향토학교와 경주어린이도서관학교도 운영했습니다.

김민곤 1989년 전교조 결성 시기에 내남중학교 분회장, 경주지회장을 하셨고, 나중에 경북지부장도 하시면서 조합원들에게 많은 힘과 감동을 주셨습니다. 또 학교 밖 교육에도 관심을 두고 문해자 교육과 야학에도 힘을 쏟으면서 한림야간중고등학교 교장도 하고, 경북야학과 전국야학협의 회장으로 전국야학교육연구소도 하고, 《광야》라는 계간 신문도 내셨더라고요. 이렇게 평생 학생과 시민 교육의 길을 걷게 된 계기가 궁금합니다.

김윤근 나는 처음부터 교사가 될 생각은 없었습니다. 과학에 취미가 있어 공대에 진학해 화공학을 전공했어요. 나중에 식품 제조 가공회사를 차려서 생산 농민도 돕고, 장학사업도 하고 싶었습니다. 내가 워낙 어렵게 대학 공부를 했거든요. 장사도 하고 가정교사도 하면서 다녔어요. 그래서 돈을 많이 벌어서 기숙사를 세우고 장학사업을 하려고 했지요. 학교에서도 경영학과 식품학 공부를 많이 했고, 실험실을 차려서 라면 제조공법을 개발하다 화재를 당하기도 했습니다. 졸업하고 서울에 가서 2년 정도 돈 버는 체험을 하려고 교육보험, 양지화학, 중창공장, 청운상회를 운영하며 제과 사업 구상을 했어요.

회사 차릴 자금을 마련하려고 고향에 내려왔을 때입니다. 형이 영어 교사로 근무하던 내남중학교 교장 선생님이 집에 오신 적이 있어요. 체육 기구를 사서 갖고 가는데 같이 옮겨달라고 해서 도와드렸는데, 옷이 너무 낡았더라고요. 학교 일꾼이라고 해도 너무 허술하게 입었다고 생각했어요. 그런데 저녁에 퇴근한 형이 그분이 교장 선생님이시라고 했어요. 그리고 오늘 내가 도와준 이야기를 하면서 칭찬하더랍니다. 또 우리 학교 과학 교사가 필요하니 꼭 데리고 오라고 하셨다면서 교사를 하라고 적극적으로 권유했습니다. 아버지 어머니도 적극적으로 권유하고요. 그래도 나는 서울 가서 사업을 하겠다고 고집을 부렸어요. 새벽에 집을 떠나려고 했는데 눈치채신 어머니가 일찍 일어나 밥을 지어 밥상을 차려 주시면서 "네가 꼭 가겠다면 가야지. 근데 가더라도 밥은 든든하게 먹고 가라."라고 하셨습니다. 그런데 어머니가 주무셨던 자리

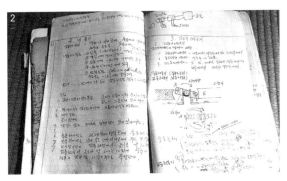

1·2. 물상 지도안
3. 경주 내남중 제자들과 함께
   (1972년)

를 보니 밤새 우서서 베개가 다 젖은 거예요. 그래서 그
자리에서 어머니에게 서울 안 가고 교사를 하겠다고 했
습니다. 그렇게 교사가 되었지요.

당시 내남중학교 교장 선생님이 참 훌륭하신 분이셨어요.
일본에서 대학을 나오신 분이신데 농민 자녀들을 위해
서 교육에 투신하신 분이었지요. 항상 고무신에 낡은 옷
을 입으시고 학교 일을 다 하셨어요. 학교 지을 때 주변
에서 경주시에 더 가깝게 지으라고 하는데도 오히려 10
리쯤 더 산으로 들어가 지었어요. 집이 먼 아이들이 다니
기 편해야 한다고. 교훈도 '열심히 공부하고 부지런히 일
하라'였는데, 정말 정직하고 근면 성실하게 학교를 운영

하셔서 학생과 교사 모두가 존경하고 따랐어요. 과학 교사인데 학교가 가난해서 실험 기구가 없어요. 모교인 경주중학교에 가서 중학교 담임과 교장 선생님한테 부탁해서 실험 기구를 빌려와서 가르쳤어요. 과학경진대회에서 해마다 경주중학교가 우승했는데 그해부터는 내남중학교가 내리 7년 우승했던 경주중학교의 우승기를 빼앗은 거예요. 경주중학교 교장 선생님이 오셔서 경주중학교로 오라고 해요. 교사라면 누구나 가고 싶은 학교였지요. 경주중학교는 독립운동가인 수봉 이규인 선생님이 교육구국 정신으로 1938에 세운 학교입니다. 그 정신에 맞게 교육을 아주 열심히 하고, 운영도 민주적이었어요. 교사 채용 기부금도 없고, 어떤 부조리나 부정이나 특권이 없는 학교였습니다. 그래서 가겠다고 했습니다.

그런데 그 이야기가 소문이 났는지 아이들이 안 거예요. 교실에 들어가니 아이들이 칠판에 가지 말라는 갖가지 말을 써 놓았어요. 그래서 아이들하고 부둥켜안고 엉엉 울면서 안 가겠다고 했어요. 경주중학교에 가서 은사이신 교장 선생님께 "저를 필요로 하는 가난한 아이들을 두고 올 수 없다고, 약속을 어겨서 너무 죄송하지만 이해해 주십시오."라고 말씀드렸습니다. 한참 바라보시던 교장 선생님이 저를 안아 주시면서 "그래, 윤근아. 네가 옳다. 내가 너한테 잘못했다. 네가 정말 내 스승이다."라고 말씀하셨습니다. 그때 내가 경주중학교로 갔으면 전교조에 가입하지 않았을 겁니다. 학교에서 싸울 일이 없었을 테니까요.

가난하고 어려운 내남중학교에서 정말 신나게 교사 생활을 했어요. 그런데 1984년 초대 학교장 둘째 아들이 교장이 되면서 완전히 바뀝니다. 아이들을 위하며 깨끗하고 민주적이고 합리적으로 운영하던 학교였는데, 부교재 강매를 비롯해 온갖 비리가 생겨나기 시작했어요. 심지어 출석부도 두 가지로 만들었어요. 정해진 정원보다 많은 아이를 받았기 때문이지요. 더 받은 아이들은 장학사들이 감독 나올 때는 결석하게 했어요. 졸업장도 이중으로 발급하고요. 학교 돈을 빼내서 고래 등 같은 큰 집을 짓고, 경주 시내에 유치원을 짓고, 불쌍한 아이들을 상대로 돈놀이를 한 거지요. 그래서 참다못한 나와 교사들이 교사회를 만들어 들고 일어난 거예요. 정말 힘들었지만 그런 비리 교장을 구속시키고, 이사회를 해체하고 관선 이사회로 바꾸었지요. 그때 관선 이사장으로 오신 분이 앞에서 말씀드린 은사님이세요. 관선 이사장님이 여러 가지 말로, 너 같은 교사가 아이들을 떠나면 안 된다며 탈퇴를 권유했지만 내남중학교 분회장이고 경주지회장인데 탈퇴할 수 없었습니다. 1989년 1월 국회에서 교원도 단체행동권만 유보하고 노조를 만들 수 있도록 하는 법이 통과되었는데, 당시 노태우 정부가 거부하고 전교조에 대한 폭력적인 탄압이 시작된 거잖아요. 헌법을 유린하고 국민의 대표인 국회 입법권을 짓밟은 국가 폭력이잖아요. 내가 전교조 결성의 정당성과 필요성, 파면을 각오해야 하는 까닭을 말씀드렸더니 또 한 번 "네가 옳다. 네가 내 스승이다."라고 하시면서 이해하고 격려해 주셨습니다.

1. 경주공고분회 창립총회
2. 경주지역 노조대표자회의 발대식
3. 거리 행진
4. 서울 명동성당 앞에서 해직교사 복직투쟁 단
   식농성 중에 결의를 다짐하는 강연(1993. 5)
5. 복직 발령. 영주공고 앞에서 아내와 같이
   (1994. 3)
6·7. 참교육 실천 소원문

김광철   제자를 보면 스승을 알 수 있다고 했는데, 윤경렬, 김태
중, 이종용, 김기조 선생님을 비롯해 좋은 선생님을 많이
만나셨네요. 거꾸로 말하면 선생님이 좋은 스승을 많이
찾아다녔다고 해야 하나요? 저도 전교조 활동을 하면서
지속가능한 지구를 만들기 위해서는 환경문제를 해결해
야 한다고 보았기 때문에 '환경과생명을지키는전국교사모
임' 회장을 했습니다. 그런데 선생님도 '경주환경연합' 의
장도 맡으셨고, 원자력발전소 반대를 위한 만인소도 만들
고, 탈핵 운동을 비롯한 환경운동을 많이 하셔서 더 반
가웠습니다. 환경운동을 돌아보실 때 어떤 활동이 가장
기억에 남으시는지요?

김윤근   경주환경운동연합 의장으로 추대되어 월성원전 1호기 수
명연장 반대를 위한 활동을 했습니다. 삼보일배도 하고,
경주인 만인소를 만들어서 알리기도 하고, 월성1호기 영
구 중지를 끌어내기 위해 많은 사람이 힘을 모았습니다.
요즘 내가 보내는 메일 편지 44번째 글에 '1. 핵발전은
어떻게 하는가? 2. 월성1호기는 어떻게 만들었는가? 3.
원전 수명연장은 왜 반대하는가? 4. 만인소는 왜 만들어
어떻게 했는가? 5. 승리의 노래는 영원한가?'라는 주제로
자세히 써 놓았습니다. 누구든 보고 싶으시면 보내드릴
수 있습니다.

기원문과 경주 사람 만 명이 넘는 거주지와 성명과 지문
을 찍어 표구한, 엄숙한 기가 모인 두루마리는 80미터나
됩니다. 이는 소원을 이룬 신라 황룡사 탑의 높이와 같
습니다. 이게 당시 작성했던 만인소 기원문(긴 두루마리

경주 월성 원전 1호기 폐쇄 주민투표요구 경주시민 만인소 기원문

에 쓴 기원문을 보여 주면서) 초본이고, 잔글씨로 줄여 쓴 기원문은 서울에 가서 행사할 때 하늘에 소지했지요. 이 기원문을 정서해서 제일 고생한 경주환경운동연합 이상홍 국장에게 선물했는데, 그분이 족자로 만들어 경주환경운동 사무실에 모두가 보도록 걸어 주었습니다. 2021년 전국환경보호단체에서 우리 경주가 환경지킴에 으뜸이라고 대상과 상금 5,000만 원을 주어서 귀중하게 사용하고 있다고 합니다. 원전도 위험한데 신라 천 년의 역사와 문화가 깃든 경주에 핵폐기물 쓰레기를 매립하겠다는 정부 정책을 아는 사람은 모두가 통분했던 일입니다.

2017년 2월 월성1호기 수명연장 무효화를 위한 1심 재판에서 이기고, 2019년 12월 24일 원자력안전위원회에서 월성1호기를 영구 정지하는 결정을 내리고, 한국수력원자력 이사회에서도 이런 결정을 환영한다는 성명을 내면서 4년 3개월의 전쟁을 불사하는 무서운 싸움은 끝났습니다. 그러나 이번 윤석열 정부가 추진하는 핵발전소 관련 정책을 보면 아직 끝난 게 아닌 것 같아요. 승리의 노래를 영원히 부르려면 더 관심을 두고 힘을 모아야겠지요.

두 시간이 넘는 긴 이야기와 그동안 모아 놓으신 여러 가지 활동 자료를 하나하나 살펴보고 답사하기 위해 집을 나섰다. 답사지는 선생님이 원장으로 근무하셨던 경주문화원, 준비 중인 윤경렬 기념관, 망덕사 순으로 정했다.

앞서 나서시는 선생님을 뒤따라 나서며 굽은 등을 바라보니 '1989년 노태우 정부 폭력에도 꼿꼿하게 맞서시던 그 젊은 선생님이 어느새 79세가 되셨고, 평생을 지고 온 그 무거운 짐에 이렇듯 등까지 굽으셨구나.'라는 처연한 생각이 절로 떠올랐다. 선생님은 취재단을 위해 불편하신 몸을 이끌고 경주문화원으로 앞서가셨다. 경주문화원 개원 50주년을 기념해서 문화원 마당에 직접 세운 '경주 문화인의 다짐' 기념비를 쓰다듬으며 그 뜻을 설명해 주셨다.

인류의 가치 창조 행위를 문화라고 한다. 아득한 옛날 우리의 조상들은 동녘 이 땅에서 삶의 슬기로 찬란한 문화의 꽃을 피웠으며, 값진 문화유산을 물려주었다. 우리는 마땅히 전통문화 보전에 정성을 다하고 심혈을 기울여 새로운 문화를 일굼으로써 보람으로 삼을 것이다. 나아가 문화인의 긍지를 가지고 이를 후손들에게 전하여 오늘에 사는 우리의 소임을 다하고자 아래와 같이 다짐한다.
　1. 우리는 문화의 지킴이가 된다.
　1. 우리는 문화의 공부꾼이 된다.
　1. 우리는 문화 창조의 일꾼이 된다.

전통문화를 지킨다고 하면 보통 옛날 것을 보존하는 것으로만 생각하는데, 이 다짐에서는 새로운 문화를 일구는 길이라고 밝혀 놓았다. 평소 '역사를 공부하는 까닭은 미래를 위해'서라든가 '미래로 가야 할

길은 역사 속에 있다'는 말씀을 자주 하셨는데, 그런 선생님의 철학이 잘 담긴 글이라는 생각이 들었다.

문화원 본채 뒤로 돌아가 경주어린이박물관학교를 시작했던 작은 터전을 보여 주셨다. 지금은 건물을 헐고 열린 쉼터로 만들어 놓았는데, 그 속에서 68년 전 어린이들 웃음소리가 들리는 것 같았다. 그때 문화원에서 50~60대 아주머니 몇 분이 즐겁게 떠들면서 나오더니 "선생님!" 하고 반갑게 소리치면서 우르르 달려와 인사한다. 문화연수를 받고 나오는 길이라고 했다. 그중 한 분은 중학교 제자라고 하지만 다른

'경주 문화인의 다짐'비 앞에서(위)와 답사중 경주문화원에서 만난 제자들과 함께(오른쪽)

분들도 모두 평소 선생님을 잘 알고 존경한다고 이구동성으로 말했다.

평소 자주 가신다는 문화원 앞에 있는 식당에서 구수한 장어탕을 한 그릇씩 먹고 윤경렬 기념관으로 가는 길가에 있는 '고청 윤경렬 선생 기념비'를 보았다. 기념비 앞면 부조 아래에 경주어린이박물관학교 교가 악보 동판이 있는데, 쪼그리고 앉아 손으로 천천히 쓰다듬으시다가 문득 작은 소리로 흥얼거리셨다. 가만히 들어 보니 교가를 부르시는 것이었다. 깜짝 놀라서 조금 크게 불러달라고 청했더니 수줍게 웃으시면서 다시 불러 주셨다. 노랫말 중에 "하늘도 내 교실, 땅도 내 교실"이라는 구절이 나왔다. 천하가 다 내 교실이고, 이 세상이 다 배움터라니……. 이렇듯 큰 기상과 기개와 안목을 길러 주는 교가는 처음 보았다. 이런 교육관을 가진 교사들과 이런 노래를 함께 부르며, 세상에서 가장 큰 교실에서 뛰놀며 배우는 어린이들을 상상하는 것만으로도 즐거웠다. 이런 교육을 68년 전부터 해 오신 분들이 있다는 사실이 놀랍기만 하다.

윤경렬 기념관은 아직 공사 중이어서 건물만 보았다. 사시던 집은 그대로 보존하면서 방과 마루를 다듬어서 활용할 계획이라고 한다. 집 오른쪽으로 산뜻한 현대식 건물을 지어 놓았다. 처음 볼 때는 좀 어울리지 않는다 싶었는데, 문득 경주 문화인의 다짐이 생각났다. 그 다짐처럼 '원래 살던 집은 그대로 보존해서 옛것을 지키고, 오른쪽은 건물은 새로운 시대에 맞게 미래 지향적으로 지었나?' 하는 생각이 들었다. 기념관이 완성되고, 내용이 채워지면 꼭 다시 와서 봐야겠다.

마루에 앉아 이런저런 이야기를 나누며 쉬다가 일어섰다. 선생님이 너무 피곤하실 것 같아서 그만 돌아가자고 말씀드렸더니 "괜찮아, 괜찮아. 동지들이 왔는데 뭐가 힘들어. 망덕사는 꼭 보고 가야 해."라고 손을 휘저으며 가야 한다고 하셨다. 우리가 돌아가자고 할까 봐 걱정되셨

1·2. 고청 윤경열 선생 기념비
3·4·5·6. 고청 윤경열 선생 기념관
7. 망덕사 터

는지 택시에서 내리자 논둑길을 앞장서 휘휘 가시는 바람에 뒤따르는 내 등에서 오히려 땀이 더 나는 것 같았다. 논둑길이 끝나고 도랑을 건너 비탈길을 올라가니 솔밭이 있어 시원한 바람이 땀을 식혀 주었다.

경주시 배반동 남산자락에 있는 망덕사 터는 말 그대로 수풀 빈터에 주춧돌만 몇 개 남아 있다. 32대 효소왕이 망덕사를 짓고 준공식을 크게 할 무렵 거지보다도 추레한 중이 잔칫상 끄트머리로 들어왔다. 왕이 외모만 보고 업신여겼는데, 나중에야 진신석가임을 알고 크게 뉘우쳤다는 곳이라 교훈 삼아 보여 주는 것이라고 하셨다.

선생님 집으로 모셔다드리고 헤어지려고 하니 조금 기다리라고 하셨다. 우리가 온다고 해서 선물을 준비하셨다고 한다. 정갈한 봉투를 한 개씩 나눠 주시기에 열어 보았다. 한지에 난초를 치고 붓글씨로 화두에 버금가는 말씀을 써 주셨다. 기차를 타고 오면서 노을 지는 저녁 하늘을 바라보면서 그 말씀을 천천히 되뇌는데, 어느새 내 마음이 차분하게 가라앉으며 향 내음이 맴도는 것 같았다.

향!

아낌을 간직한 이후영 님에게
오늘이 어제이고
오늘이 또 내일이요
보람과 두려움이
한가닥
향기로 되고 지누나
2022. 7. 6 경주에서
학봉·김윤근